essentials

essentials liefern aktuelles Wissen in konzentrierter Form. Die Essenz dessen, worauf es als „State-of-the-Art" in der gegenwärtigen Fachdiskussion oder in der Praxis ankommt. *essentials* informieren schnell, unkompliziert und verständlich

- als Einführung in ein aktuelles Thema aus Ihrem Fachgebiet
- als Einstieg in ein für Sie noch unbekanntes Themenfeld
- als Einblick, um zum Thema mitreden zu können

Die Bücher in elektronischer und gedruckter Form bringen das Fachwissen von Springerautor*innen kompakt zur Darstellung. Sie sind besonders für die Nutzung als eBook auf Tablet-PCs, eBook-Readern und Smartphones geeignet. *essentials* sind Wissensbausteine aus den Wirtschafts-, Sozial- und Geisteswissenschaften, aus Technik und Naturwissenschaften sowie aus Medizin, Psychologie und Gesundheitsberufen. Von renommierten Autor*innen aller Springer-Verlagsmarken.

Weitere Bände in der Reihe https://link.springer.com/bookseries/13088

Matthias Johannes Bauer · Tom Naber ·
Gabriele Augsbach

Festivalmanagement

Grundlagen der Produktion von
Open-Air-Musikveranstaltungen

Matthias Johannes Bauer
IST-Hochschule für Management GmbH
Düsseldorf, Deutschland

Tom Naber
IST-Hochschule für Management GmbH
Düsseldorf, Deutschland

Gabriele Augsbach
Chieming, Deutschland

ISSN 2197-6708 ISSN 2197-6716 (electronic)
essentials
ISBN 978-3-658-37585-0 ISBN 978-3-658-37586-7 (eBook)
https://doi.org/10.1007/978-3-658-37586-7

Die Deutsche Nationalbibliothek verzeichnet diese Publikation in der Deutschen Nationalbibliografie; detaillierte bibliografische Daten sind im Internet über http://dnb.d-nb.de abrufbar.

Planung/Lektorat: Angela Meffert
Springer Gabler ist ein Imprint der eingetragenen Gesellschaft Springer Fachmedien Wiesbaden GmbH und ist ein Teil von Springer Nature.
Die Anschrift der Gesellschaft ist: Abraham-Lincoln-Str. 46, 65189 Wiesbaden, Germany

Was Sie in diesem *essential* finden können

- Grundlagen und Expertenwissen zur Produktion von Musikfestivals und Open-Air-Veranstaltungen
- Darstellung sämtlicher Einzelschritte, die für das Festivalmanagement notwendig sind: von der ersten Konzeption und der Suche nach einer guten Location über technische Aspekte wie Licht und Ton bis zum Booking, den Gewerken, der Logistik und dem Sponsoring
- Einen Ausblick in das Feld der Erlebnisökonomie am Beispiel von Musikfestivals

Vorwort

Festivals begeistern. Sie begeistern Scharen von Fans, die jährlich zu Zehntausenden die zahlreichen Festivals und Open-Air-Veranstaltungen besuchen. Sie begeistern die vielen Veranstalter, Orga-Teams und unzähligen helfenden Hände, die Festivals zu Erlebnissen für die Gäste machen. Und sie begeistern als Objekt wissenschaftlicher Forschung. Denn während der Begriff des Festivals in der Alltagssprache recht verbreitet ist und auf den ersten Blick als Open-Air-Musikveranstaltung exakt umrissen scheint, lässt sich weder schnell und einfach eine eindeutige Definition geben, noch ist der Typus (Musik-)Festival so klar, wie man meinen könnte. Das macht das Forschungsfeld der *Festival Studies* – oder hier eingedeutscht und eingegrenzt auf vor allem ökonomische Aspekte: der Studien zum Festivalmanagement – sowohl für die Praxis als auch für die Theorie besonders spannend und anschlussfähig.

Das vorliegende essential basiert auf der seit 2019 turnusmäßig angebotenen Lehrveranstaltung „Festivals und Entertainment" im Masterstudiengang Kommunikationsmanagement an der IST-Hochschule für Management in Düsseldorf. Sowohl die hierdurch ermöglichten Praxiseinblicke als auch die entstandenen Forschungsergebnisse zum Festivalmanagement sind in die Ausführungen eingeflossen. Als Hochschule für Angewandte Wissenschaften suchen wir nach Anschlussfähigkeiten und Handlungsempfehlungen für die Festivalbranche.

Unser essential beschäftigt sich mit der Produktion von Open-Air-Musikveranstaltungen – von der ersten Konzeption und der Suche nach einer guten Location über technische Aspekte wie Licht und Ton bis zum Booking, den

Gewerken, der Logistik und dem Sponsoring. Ein paar Hinweise auf rechtliche Rahmenbedingungen runden die Ausführungen ab.

Düsseldorf   Matthias Johannes Bauer
Frühjahr 2022   Tom Naber
                                                                       Gabriele Augsbach

Inhaltsverzeichnis

Begriffsbestimmung und Definition des Gegenstands Festival

1.1 Definitionen: Musikfestivals und Open-Air-Musikveranstaltungen

Wenngleich der Begriff des Festivals in der Alltagssprache recht verbreitet ist und auf den ersten Blick als Open-Air-Musikveranstaltung klar umrissen scheint, lässt sich eine eindeutige Definition gar nicht so leicht geben.

Graf (1995, S. 28) nähert sich über die einzelnen Bestandteile des Begriffs der Open-Air-Massenveranstaltung der populären Musik: „Die Masse ist ein feststehender Begriff der Soziologie. Wesentlich schwieriger erweist sich das Begriffs-Verständnis von Pop Musik. Noch schwieriger ergeht es einem bei dem Begriff des Open Airs. […] Und dennoch weiß jeder mit dem Begriff umzugehen." Unter Bezugnahme von Ziegenrücker (1989) begreift er den Begriff des Open Air als die „englische Bezeichnung für Konzerte unter freiem Himmel", die allgemein bekannt wurde, „als Ende der sechziger Jahre die Rockmusik riesige Zuhörermassen unter freiem Himmel versammelte und damit nicht nur die quantitativen Grenzen der herkömmlichen Konzertform in geschlossenen Räumen sprengte, sondern das auch zu einem ideologischen Moment der Musik selbst werden ließ" (Graf, 1995, S. 28). Gemeint ist natürlich Woodstock, der legendäre Urknall und verständnisprägende Inbegriff des Open-Air-Musikfestivals. Seit dieser Zeit übrigens etablierte sich der Begriff des Festivals im deutschen Sprachraum gegenüber dem vormals ausschließlich verwendeten Begriff des Festspiels (Bellinghausen, 2007, S. 3).

Fachlexika halten sich verhältnismäßig knapp. So sind (Musik-)Festivals bei Honegger und Massenkeil (1996, S. 47) „über mehrere Tage oder Wochen sich erstreckende Musikveranstaltungen, die meist in regelmäßigem Turnus und i. d. R. am gleichen Ort stattfinden."

© Der/die Autor(en), exklusiv lizenziert durch Springer Fachmedien Wiesbaden GmbH, ein Teil von Springer Nature 2022
M. J. Bauer et al., *Festivalmanagement*, essentials,
https://doi.org/10.1007/978-3-658-37586-7_1

Die Fachliteratur der jüngeren Zeit holt mit ihren Definitionen deutlich weiter aus: Bellinghausen (2007) bspw. versteht unter einem Musikfestival „eine Veranstaltung, auf welcher mehrere, also mindestens zwei Künstler auftreten und ihre Musik präsentieren. Der Großteil der Festivals in Deutschland präsentiert zwischen 5 und 20 verschiedene Künstler, welche meist der gleichen oder einer ähnlichen Musikrichtung angehören. Festivals können eine Dauer von einem Tag bis zu mehreren Tagen haben. Entscheidend hierbei ist, dass das Programm bei mehrtägigen Festivals an aufeinander folgenden Tagen angeboten wird. Vielfach wird fälschlicherweise von Festivals gesprochen, wenn mehrere Künstler in gewissen zeitlichen Abständen auftreten, z. B. jeden Samstag im Mai. Hierbei handelt es sich nicht um ein Festival im eigentlichen Sinne, sondern um eine Reihe von Konzerten einer bestimmten Musikrichtung bzw. zu einem bestimmten Thema." (Bellinghausen, 2007, S. 2) Bellinghausen (2007) bezieht sich darüber hinaus auf die vom Deutschen Musikrat veröffentlichte Definition im Musikalmanach: „Allen Festivals und Festspielen ist gemein, dass sie – meist in der Sommerzeit – befristet zu einer zusätzlichen Attraktivität für Einwohner eines oder mehrerer Bundesländer, von Regionen und Städten beitragen und damit ein echter Wirtschaftsfaktor geworden sind." (Deutscher Musikrat, 2002, S. 45).

Zeymer (2016, S. 17) passt die Definition von Bellinghausen (2007) für Open-Air-Musikfestivals an: „Im weitesten Sinne versteht man unter einem Open-Air-Musikfestival eine unter freiem Himmel stattfindende Veranstaltung, auf der mindestens zwei Künstler auftreten und ihre Musik präsentieren." Hinsichtlich der weiteren Kriterien folgt er Bellinghausen (2007).

Diese Definition liegt diesem Essentials zugrunde.

1.2   Typologien, Unterscheidungsformen und Merkmale

Festivals können auf Basis mehrerer Merkmale unterschieden werden. Ihre Parameter zeigen, wie unklar umrissen der Begriff ist und welche Kriterien zur Unterscheidung in Wissenschaft und Praxis vorgenommen werden können.

Becker (1997) unterscheidet zunächst in künstlerische und wirtschaftliche Zielsetzungen, von denen die einzelnen Veranstaltungen i. d. R. mehrere verfolgen. Zur ersten Gruppe gehören (Becker, 1997, S. 70):

- Schaffen konzentrierter Musik-Events auf hohem künstlerischem Niveau
- Herstellen von künstlerischen Begegnungen
- Schaffen eines überregionalen Forums für eine bestimmte Musikrichtung

- Intensive musikalische Auseinandersetzung mit einem bestimmten Thema, einem Komponisten oder einer Musikrichtung
- Darbieten eines musikalisch hochrangigen Ereignisses

Zu den wirtschaftlichen Zielsetzungen zählen (Becker, 1997, S. 71):

- Erhöhen des Bekanntheitsgrades einer Stadt oder Region
- Aufwertung des Images
- Steigerung der Standortattraktivität
- Ankurbeln der lokalen bzw. regionalen Wirtschaft

Becker (1997, S. 71) unterscheidet fünf Grundtypen von Musikfestivals:

- Musiker-Festivals, die sich auf bestimmte Komponisten oder Musiksparten konzentrieren und ausschließlich hochrangige musikalische Ziele verfolgen. Hier steht weniger der breite Publikumsgeschmack im Vordergrund, sondern vielmehr spezielle Vorlieben, Nischen und Interessen.
- Kommunale Festivals, mithilfe deren hohem kulturellen Niveau die jeweilige Stadt repräsentiert werden soll, weshalb sich folglich kulturelle und wirtschaftliche Interessen vermischen.
- Landschaftsfestivals, die mithilfe einer Orientierung am breiten Publikumsgeschmack eine ganze Kulturlandschaft einzubinden versuchen und damit ganz besondere und heterogene, aber gleichzeitig regional typische Spielstätten einbeziehen.
- Rundfunk-Festivals, die sich vor allem auf das akustisch Hörbare (und dessen Mitschnitt für die Rundfunk-Anstalten) fokussieren und einen eher unfestlichen Charakter haben.
- Erweiterte Festivals, bei denen die Musikpraxis mit wissenschaftlicher Begleitung und pädagogischer Vermittlung verknüpft wird.

Im Hinblick auf die Angebotsgestaltung können nach Becker (1997, S. 72–73) folgende Parameter zur Unterscheidung dienen:

- Anzahl der Veranstaltungen und Dauer der Festivals, wobei Becker (1997) hier auch Veranstaltungs- und Konzertreihen unter dem Terminus des Festivals subsumiert, während Bellinghausen (2007) Festivals und Konzertreihen begrifflich trennt (siehe Abschn. 1.1). Becker (1997) gesteht hier gleichermaßen ein, dass der Eventcharakter bei solchen langen Dauern verloren geht.

- Stil der Musik und Art der Musikveranstaltungen, die einerseits mit den bereits dargestellten fünf Grundtypen korrelieren und andererseits üblicherweise von den finanziellen Rahmenbedingungen determiniert sind. So liegt in der klassischen Musik der Schwerpunkt üblicherweise auf Kammermusik, weniger auf opulenten Opern.
- Art der Künstler, meistens aus einer Mischung aus besonders renommierten Interpreten und Weltstars und weniger bekannten oder lokalen Künstlern, ebenfalls abhängig von den finanziellen Rahmenbedingungen des einzelnen Festivals.
- Anzahl und Art der Spielstätten, bei denen gerade auffällig ungewöhnliche Spielstätten besondere Konjunktur haben.
- Rahmenprogramm
- Thematischer Leitfaden, anhand dessen sich das jeweilige Festival bspw. auf bestimmte Musiker, Länder, Musikrichtungen eingrenzen lässt, aber auch die ausdrückliche Abkehr von solchen Leitfäden für ein besonders vielschichtiges Programm ist denkbar.
- Atmosphäre, die mit dem Festival-Grundtypus korrelieren kann (z. B. bei Landschaftsfestival), aber auch von Zielgruppen und Rahmenprogramm und weiteren Faktoren abhängt.

Weitere Faktoren, die Becker (1997) in die Binnendifferenzierung des Phänomens Festival einbezieht, sind die Preispolitik, die auch von privaten und öffentlichen Zuwendungen abhängt, aber sich bspw. auch anhand unterschiedlicher Platzkategorien oder Rahmen- und Zusatzangeboten gestalten kann. Touristische Pauschalangebote sind nach Becker (1997) selten.

Willnauer (2006, S. 69), der betont, dass sich „der Begriff Festival einer verbindlichen Definition entzieht", ordnet die Festivals der Gegenwart typologisch neu, weil ihn bisherige Systematiken nicht überzeugten. Er unterscheidet erstmals zwischen einer „betriebsimmanenten" und „externen" Betrachtung und unterteilt Festivals, deren primäre Zielsetzung die „Herstellung von Kunst" ist, in:

- Sparten
- Gattungen
- Themen

Darüber hinaus nimmt Willnauer (2006) eine grobe Einteilung nach Finanzierungsformen vor:

- Ausschließlich aus öffentlichen Mitteln finanzierte Festivals

- Ausschließlich privat finanzierte Festivals
- Gemischt aus öffentlichen und privaten Mitteln finanzierte Festivals

Eine weitere mögliche Differenzierung erfolgt nach Willnauer (2006) nach den Besucherstrukturen:

- Festivals mit lokalem Publikum
- Festivals mit regionalem Publikum
- Festivals mit überregionalem bzw. internationalem Publikum

Bezugnehmend auf die beiden letztgenannten Untergliederungen betont Willnauer (2006) folgerichtig den Charakter von Festivals als Wirtschaftsunternehmen; dieser Aspekt steht im Zentrum dieses essentials und bildet den Fokus von Studien zum Festivalmanagement (siehe Abschn. 1.4).

1.3 Typologien von Festivals innerhalb ausgewählter Musikgenres

Darüber hinaus gibt es auch Betrachtungen, die auf ausgewählte Musikgenres fokussieren, bspw. Rock- oder Pop-Festivals.

Schmidt (2012, S. 27), die in ihrer Monografie 234 Rockfestivals in Deutschland untersucht, definiert Festivals folgendermaßen: „Festivals sind Großveranstaltungen, die mehrere Künstler an einem Ort, in einem festgelegten Zeitraum auftreten lassen." Sie kategorisiert zunächst nach Kunststil und Musikstil und unterscheidet dann weiter folgendermaßen:

- Nach Größe in „groß angelegte Festivals" und „kleinere Nischenanbieter" (Schmidt, 2012, S. 27)
- Nach Festivalart in Open-Air, Indoor-Festival und Festspiele als Veranstaltungen mit mehreren Kunstrichtungen (Schmidt, 2012, S. 27, 46)
- Nach rechtlichen Aspekten in „privatrechtlich-gemeinnützige Kulturbetriebe, die auch Nonprofit-Organisationen genannt werden" und in die „privatrechtlich-kommerziellen oder privatwirtschaftlichen Kulturbetriebe, die auf Gewinn ausgerichtet sind und sich darüber auch finanzieren" (Schmidt, 2012, S. 27–28)

Schulz (2015), der den Typus des Pop-Festivals in den Blick nimmt, legt andere definitorische Faktoren zugrunde, mithilfe deren der Begriff des Musikfestivals umrissen werden kann. Aus dem „Spannungsfeld zwischen Pop, Musikfest und Event" lassen sich für ihn folgende Merkmale bestimmen:

1. Institutionalisierte Planung durch professionelle Unternehmen oder Vereine
2. Mehrtägiger Veranstaltungszeitraum und dadurch Abgrenzung von Konzerten oder Open-Air-Partys
3. Regelmäßiger Turnus, mit dem auch eine gewisse Ritualisierung im Verhalten von Besuchern und Veranstaltungsabläufen einhergehen kann (vgl. Kirchner, 2011)
4. Festgelegte Örtlichkeit, die sich über besondere geografische oder gestalterische Besonderheiten auszeichnet, was bei den Gästen wesentlich zur Abkehr vom Alltag und zur Bildung eines temporären Gemeinschaftsgefühls beiträgt
5. Monothematik im Sinne einer Musikrichtung oder ihren Subgenres
6. Multimedialität durch Licht, Leinwände, Tanz, Theater, Film, bildende Kunst und vieles mehr, was konstituierend für das Erzeugen eines einzigartigen Erlebnisses ist und den performativen Akt bildet, in dem sich das Festival und seine Szene verbindet
7. Künstlerische Vielfalt durch Teilnahme mehrerer unterschiedlicher Künstler
8. Segmentialität im Sinne einer Teilgesellschaftlichkeit
9. Einzigartigkeit
10. Gemeinschaftlichkeit im Sinne einer „sozialen Heimat" (Kirchner, zit. nach Mielke, 2012; vgl. dazu auch Schulz, 2015; Hutzel, 2018; Höpflinger, 2020; Heinen, 2017, S. 99–111; Eckel, 2012; St. John, 2020)

Diese Faktoren können, müssen aber nicht in Gänze in den Kriterien abgedeckt sein und sind zumindest im Einzelfall zu diskutieren. So gibt es auch große eintägige Musikfestivals, wie bspw. das Vainstream Rockfest in Münster (zu Punkt 2). Festivals können auch einmalig stattfinden, wie das berühmte Woodstock-Festival anschaulich zeigt (zu Punkt 3). Monothematik (Punkt 5) ist sicherlich häufig noch gegeben, aber in Zeiten von Spotify und Co. nicht mehr so stark ausgeprägt wie noch in Zeiten klassischer Tonträger (Vinyl, Kassetten oder Compact Discs). Und die Multimedialität (Punkt 6) könnte bei Folk- oder Mittelalterfestivals stark begrenzt sein, weil sie atmosphärisch kontraproduktiv wahrgenommen wird. Je nach Festival werden diese zehn Merkmale unterschiedlich stark ausgeprägt und somit in variierendem Ausmaß konstituierend für die Veranstaltung sein.

Gleichermaßen gelten auch Sonderfälle oder Gegenmodelle, hier kurz dargestellt an Metal Music: Während das Ruhrgebiet bereits in den 1970er Jahren eine „ausgeprägte Infrastruktur an Veranstaltungsorten" hatte und schon Anfang der 1980er große Festivals hier ausgetragen werden konnten (Krumm, 2012, S. 360), so unterstreichen bspw. Förder- oder Interessensvereine, dass von ihnen durchaus ein struktureller Druck in Richtung Institutionalisierung ausgeht oder ausgehen muss (vgl. Punkt 1): Die reine Existenz einer Szene als locker gefügtes Netzwerk reicht offenbar häufig noch nicht aus, um regelmäßige Konzert- oder Festivalangebote bereitzustellen, solange andere, bspw. kommerzielle Institutionen in diesen Nischenszenen noch nicht auseichend präsent sind (Kunzendorf, 2007). Ähnlich gelagert sind auch die Entstehungsgeschichten von Festivals, die Graswurzel-Initiativen (engl.: *grass root*) hervorgebracht haben, wie bspw. das „*Rage against Racism*"-Festival in Duisburg.

1.4 Besondere Festivalarten: Boutique-Festivals und Festival-Kreuzfahrten

1.4.1 Boutique-Festivals als Gegenmodell

Wie schwierig die Definition des Begriffs des Festivals ist, zeigt das Phänomen der Boutique-Festivals (Robinson, 2016, S. 87–130). Dieses Veranstaltungsformat ist bereits seit einigen Jahren im englischsprachigen Raum zu beobachten (Seffrin, 2006) und tritt auch in Deutschland zunehmend mehr auf. Eine einheitliche Definition des Begriffs existiert jedoch nicht. Es handelt sich hierbei um ein Sonderformat im Open-Air-Veranstaltungsbereich, das mit einigen in Abschn. 1.2 und 1.3 ausgeführten Parametern von Festivals bewusst bricht, allem voran mit dem Merkmal der Massenveranstaltung.

Maßmann (2021) hat im Rahmen einer Studie fünf Kerncharakteristika aufgestellt, die bei besonders starker Ausprägung konstituierend sind für Boutique-Festivals:

1. Sie bieten den Besuchern aufgrund ihrer Größe und geringen Besucherzahl ein hohes Maß an Intimität und Exklusivität.
2. Das Rahmenprogramm ist über das musikalische Angebot hinaus besonders divers, um das Erleben zu intensivieren.
3. Dieses breite zusätzliche Angebot lässt das Publikum aktiv mitwirken und selbst zum Bestandteil des Festivals werden.
4. Neben etablierten Musikern wird auch neuen und unbekannten Bands und Künstlern eine Bühne geboten, oftmals im musikalischen Genre von Indie-Rock-Pop und Singer-Songwriter-Musik.
5. Es liegt ein besonderer Fokus auf Nachhaltigkeit sowohl seitens der Besucher als auch der Aussteller.

Darüber hinaus finden Boutique-Festivals häufig in der Natur oder an atmo-
sphärischen, urbanen Locations statt. Das Veranstaltungsformat spricht oft vor
allem Gäste ab Ende 30 an. Viele Festivals bieten auch Angebote für Familien.
Politisch-gesellschaftliche Themen bilden häufig einen Teilaspekt und werden
mithilfe von Nonprofit-Organisationen wie Greenpeace eingebracht (Maßmann,
2021, S. 39).

1.4.2 Festival-Kreuzfahrten

Ähnliche Sonderfälle von Festivals bilden bspw. auch Veranstaltungen auf hoher
See. Solche Formate gibt es in den unterschiedlichsten Musik-Genres.
   Unter ihnen stechen besonders die schwimmenden Metal-Festivals aufgrund
ihres für Kreuzfahrten untypischen Publikums heraus. Bekannt sind hier bspw.
das „70.000 Tons of Metal"-Festival oder die Reihe *Full Metal Cruise*, die ein seit
Jahren erfolgreiches Spin-off des Wacken Open Airs ist; andere Kreuzfahrten
wie die *Barge of Hell* dagegen floppten (Neumann, 2013). Auch diese Formate
machen das Phänomen Musikfestival nicht einfacher zu greifen. Sie machen
das Thema auch für Forschungen interessant und für wissenschaftliche Studien
anschlussfähig.

1.5   Festival Studies – Festivalmanagement als
Forschungsfeld

Das Forschungsfeld des Festivalmanagements führt vor allem im deutschsprachigen Raum bis dato ein Nischendasein.
   Eine grundlegende Meta-Analyse für das Forschungsfeld der Festival Studies nahm Getz (2010) vor, in deren Rahmen insgesamt 423 englischsprachige
wissenschaftliche Journal-Veröffentlichungen gesichtet und geclustert wurden.
Der Beitrag ist bis heute auch maßgeblich als bibliografische Arbeit von
Bedeutung. Den Ergebnissen nach lassen sich dieses Forschungsfeld und seine
wissenschaftlichen Diskurse in drei Bereiche gliedern:

• Diskurse über die Rollen, Bedeutungen und Einflüsse von Festivals auf
  Gesellschaft und Kultur
• Diskurse über Aspekte des Festivaltourismus'
• Diskurse über Aspekte des Festivalmanagements

Zugleich entwickelten Getz et al. (2010) im neu gegründeten *Internationa-nal Journal of Event and Festival Management* einen theoretischen Rahmen für Festivalmanagement-Studien und stellten eine systematische Priorisierung von (international) vergleichenden und cross-kulturellen Ansätzen für das Forschungsfeld auf, basierend auf einem Literatur-Review und einer vier Länder vergleichenden Studie (Schweden, Norwegen, Vereinigtes Königreich und Australien). Die Studie fokussiert dabei darauf, wie Festivals organisiert werden, ihre Betriebsführung und Strategien, Stakeholder-Einflüsse und -Abhängigkeiten, wirtschaftliche Bedrohungen und Strategien. Die Studie will den Prozess und die Anwendungsmöglichkeiten von (vergleichenden) Festivalstudien vorantreiben.

Für die akademische Forschung zum Thema Festivalmanagement ist im Bereich wissenschaftlicher Journals das *International Journal of Event and Festival Management,* in dem die Studie von Getz et al. (2010) erschienen ist, von Bedeutung. Es ist das einzige internationale Journal, das auch im Titel explizit das Thema Festivalmanagement aufruft.[1] Darüber hinaus sind Studien zum Festivalmanagement häufig in den entsprechend allgemeiner gehaltenen Journals zu Eventmanagement, Tourismus oder Freizeitstudien zu finden. Einen umfassenden Überblick gibt Getz (2010).

Für den englischsprachigen bzw. internationalen Forschungsraum geben Anderton und Pisfil (2021) einen aktuellen Überblick über die Publikationen im Bereich der *Live Music Studies,* die mit dem Thema Festivals und Festivalmanagement zwangsläufig große Schnittmengen bilden. Forschungsfelder zeigen darüber hinaus bspw. auch Mair und Weber (2019) oder Wilson et al. (2017) auf.

Im deutschsprachigen Raum will die neugegründete Herausgeberreihe „Studien zum Festivalmanagement" das Forschungsfeld aus seinem Nischendasein befreien. Sie wird an der IST-Hochschule für Management herausgegeben und nimmt neben Sammelbänden vor allem Abschluss- und Qualifizierungsarbeiten zum Festivalmanagement aus dem Master Kommunikationsmanagement auf. Aus Gründen der veranstaltungsrechtlichen nationalen Rahmenbedingungen als auch der Sprachräume fokussiert die Reihe vor allem auf Festivals in Deutschland.

---

[1] Getz (2010) verweist in diesem Zusammenhang bei einem der Journals auf dessen Namensänderung von *Festival Management and Event Tourism* zu *Event Management.*

Wie entsteht ein Festival?

2

Musikfestivals sind ein fester Bestandteil der Konzertlandschaft geworden. An fast jedem Wochenende zwischen April und September wetteifern die Festivalveranstalter um ihr Publikum. Das Veranstaltungsangebot reicht hier vom Mittelaltermarkt bis hin zum Jazz-Festival. Für jeden Geschmack, für jedes Genre gibt es mittlerweile das passende Festival (Bellinghausen, 2007).

Doch wie entstehen solche Festivals? Welche Punkte sind bei der Planung eines Festivals besonders wichtig? Und gibt es eventuell einen speziellen Grund, der diese Masse an Festivals erklärt?

Dieser Grund liegt zeitlich am Ende der 1990er bzw. am Anfang 2000er Jahre. Die 1990er Jahre gelten als das goldene Zeitalter der Musikindustrie. In Zahlen drückt sich das ungefähr so aus: Es gab ein durchschnittliches Wachstum von 20 %. Im Jahr 2000 war der Tonträgerabsatz mit 2,4 Mrd. Einheiten auf einem historischen Höhepunkt (Schulz 2015, S. 1–5).

Das Erdbeben, das dann die Branche erschütterte, lässt sich mit zwei Wörtern erklären: Kopieren und Downloaden. Der CD-Brenner wurde Anfang der 1990er Jahre erfunden, Download-Portale wie LimeWire, Bearshare und EMule waren aus dem Boden geschossen. Dank Internet gab es auf einmal eine große illegale Tauschbörse für Musik. Der globale phonogrammische Markt hat von 1999 bis 2015 schmerzliche 44,2 % seines Umsatzvolumens eingebüßt: Knapp 50 % der Einnahmen brachen auf einmal weg. Für die Musikindustrie ein finanzielles Desaster. (Bellinghausen, 2007, S. 13–18; Kaiser & Ringlstetter, 2008) Auf die Frage, wie man dieses Leck wieder stopfen konnte, war eine Antwort das Live-Geschäft (Schulz, 2015, S. 1).

Die Anzahl von Konzerten und Festivals steigerte sich so von Jahr zu Jahr. Mittlerweile gibt es in Deutschland über 500 Festivals – ein riesiger Markt ist entstanden. Die beliebtesten sind in diesem Fall Electro-, Rock- und Pop-Festivals. Die Durchschnittsdauer eines Festivals beträgt zwei bis drei Tage, die

M. J. Bauer et al., *Festivalmanagement,* essentials, https://doi.org/10.1007/978-3-658-37586-7_2

durchschnittliche Besucherzahl besteht aus 10.000 bis 25.000 Besuchern pro Festival. Der durchschnittliche Besucher ist auf mindestens zwei Festivals pro Jahr anzutreffen. Der Festival-Markt hat sich zu einer tragenden Säule der Branche entwickelt. Der Verband für Festivals meldet in den 2010er Jahren einen Umsatz in Höhe von 400 Mio. EUR (Graefe, 2019).

Doch bevor ein Festival aus der Taufe gehoben werden kann, stellt sich die Frage: Wie entsteht ein Festival? Was muss man beachten? Wie organisiert man es? Ein paar Punkte sollen hier kurz erläutert werden. Am Anfang der Festivalplanung stellen sich viele Fragen, z. B. (Spelman, 2018):

- Wo soll das Festival stattfinden?
- Soll es ein innerstädtisches Festival werden? Oder soll es lieber auf dem Land sein, wie die meisten Festivals? Was ist hier sinnvoller?
- Man muss sich ferner die Frage stellen: Welche Festivals gibt es in der Umgebung bzw. im Umkreis von 100 bis 200 km?
- Welche musikalische Ausrichtung soll das Festival haben?
- Wie kann es finanziert werden?

In jedem Fall sollte man eine Konkurrenzanalyse durchführen (Spelman, 2018):

- Welcher Veranstalter plant welches Festival?
- Welche Musikrichtung haben diese Festivals?
- Wie viele Tage finden sie statt?
- In welcher konkreten Entfernung liegen die konkurrierenden Veranstaltungen? Wie sind die Verkehrsanbindung und Erreichbarkeit?

Wenn man diese Fragen beantwortet hat, geht es an die Umsetzung.

Ein ganz wichtiger Punkt hierbei ist, dass Festivals heutzutage einen Event-Charakter besitzen müssen. Festivals wie in den 1980er und 1990er Jahren mit einer großen Bühne, zwei Würstchenbuden, drei Bierständen und daneben einem sumpfigen Zeltplatz ziehen nicht mehr. Diese Zeiten sind vorbei. Die Ansprüche der Besucher an ein Festival sind gewachsen (Spelman, 2018).

Und das spiegelt sich ganz besonders in der Gastronomie wider. Die Auswahl an Getränken hat sich enorm vergrößert. Von Bier über Cocktails bis hin zu Smoothies, Shootern und Kaffeespezialitäten muss alles vorhanden sein. Das Angebot hat sich den Bedürfnissen seiner Zielgruppe anzupassen. Der Kauf von Getränken muss zum Erlebnis werden. Deshalb sehen die Verkaufsstände oft aus wie selbstgezimmerte Buden, Cases oder große Boxen – nicht mehr ausschließlich wie eine normale Bierbude, wie man sie vom Schützenfest her kennt. Die klassische Imbissbude ist mittlerweile Food-Trucks gewichen. Dass Essen nicht nur der Nahrungsaufnahme dient, sondern mittlerweile ein Lifestyle ist, sollte allgemein bekannt sein. Und dieser Lifestyle sollte sich durch die gebuchten Food-Trucks widerspiegeln. Die Food-Areas müssen attraktiv aussehen und ein positives Lebensgefühl vermitteln (Wynn-Moylan, 2018, S. 182–183).

Auch die Händlermeilen sehen heutzutage anders aus als zu früheren Zeiten. Natürlich sollte es eine große Bandbreite vom Merchandise der Bands geben, die auf dem Festival spielen, sowie klassisches Festival-Merchandise. Hatten Bands und Festivals früher nur ein bis zwei unterschiedliche Designs, sind es heute eher fünf bis zehn. Und diese werden auch gekauft, was im Umkehrschluss bedeutet, dass das Merchandise zu einer sehr wichtigen Einnahmequelle geworden ist (Schmidt, 2012, S. 43–45). Weitere mögliche Stände könnten ein Barber-Shop oder ein Tattoo-Stand sein. Der Kreativität sind keine Grenzen gesetzt. Wichtig ist hierbei nur, dass das Erscheinungsbild der Stände auch zum Konzept des Festivals passt. Sogar Supermärkte oder Drogerieketten sind mit kleinen Filialen auf größeren Festivals anzutreffen (Henning, 2019; Färber, 2019). Das Non-Food-Angebot ist in den letzten Jahren enorm gewachsen.

Mit einem „XXL Aldi am Deich" bot der Discounter Aldi Nord im Jahr 2019 den knapp 60.000 Besuchern des Deichbrand-Musikfestivals in Cuxhaven-Nordholz auf rund 2100 Quadratmetern einen temporären Supermarkt: „An den insgesamt 16 Kassentischen wurden von den 200 Mitarbeiterinnen und Mitarbeitern mehr als 90.000 Einkäufe registriert. Das entspricht einem Zuwachs von etwa 12.000 Einkäufen im Vergleich zum Vorjahr. Getränkedosen (rund 252.000) und frische Brötchen (etwa 87.000) waren mit einem Plus von jeweils rund 50 % gegenüber 2018 die Top-Seller. Auch Eiswürfel (knapp 33 t) gehörten erwartungsgemäß wieder zu den beliebtesten Produkten. Über die Festivaltage verteilt wurden mehr als 1100 Paletten mit Ware angeliefert." (Henning, 2019).

Ebenfalls von den Festivalflächen nicht mehr wegzudenken ist eine Auswahl an Ständen von Nonprofit- (NPO) und Non-Governmental-Organisationen (NGO). Der Veranstalter bietet diesen Organisationen eine Präsentationsfläche, auf der sie die Besucher informieren können. Eine gezielte Auswahl von passenden NPO- und NGO-Ständen ermöglicht es dem Veranstalter, sich zu bestimmten Themen zu positionieren, was wieder zum Image des Festivals beiträgt und die Credibility bei den Besuchern steigert (Arnold, 2018).

Für Festivals von wichtiger Bedeutung sind die Sponsoren und Medienpartner. Die Medienpartner kümmern sich um eine adäquate Vor- und Nachberichterstattung und organisieren oft während des Festivals die stark frequentierten Signing-Sessions (Autogramm-Stunden) (Yeoman et al., 2011, S. 269–273; Allen et al., 2011, S. 132–134).

Die Sponsoren bezuschussen das Festival mit einer vorab verhandelten Summe. Sie sind für die Finanzierung einer Großveranstaltung unverzichtbare Partner geworden. Die Sponsoren finden auf den Festivals eine hochemotionalisierte Zielgruppe vor. Diese erreichen die werbenden Unternehmen über ihre Logos auf den Eintrittskarten, den Festivalbannern, der Festivalseite oder Ähnlichem. Während des Festivals wird oft mit speziellen Gewinnaktionen gelockt. Die Gewinne dieser Aktionen mussten sich ebenfalls den gestiegenen Ansprüchen der Besucher anpassen. Mit einem T-Shirt-Gewinn lockt man heutzutage niemanden mehr, von daher sind aktuelle Gewinne z. B. ein Hubschrauberflug mit dem Main-Act oder ein Meet & Greet mit der Lieblingsband in der Artist Area. Ein wichtiger Punkt ist auch: Meistens bindet man Sponsoren über einen längeren Zeitraum. Hier sind Dreijahresverträge nichts Ungewöhnliches. Oftmals erhält man dadurch auf langfristige Sicht Einnahmen, mit denen man in den folgenden Jahren „jonglieren" kann (Yeoman et al., 2011, S. 260–272; Schmidt, 2012, S. 36–43).

Sportveranstaltungen wie z. B. Stand-up-Paddeling, Motorcross- und Skateboard-Contests dürfen ebenfalls nicht mehr fehlen. Auch Fun-Events wie Flunkyball (auch Bierball), ein Trinkspiel, bei dem zwei Teams gegeneinander antreten, findet man immer häufiger. Ein Veranstalter muss es verstehen, Erlebnisse für seine Besucher zu schaffen, um so sein Festival noch attraktiver werden zu lassen (Spelman, 2018, S. 76–86).

Der wichtigste Grund für den Besuch eines Festivals ist die Musik. Doch wie entsteht ein Festival-Line-up? Wonach sucht der Veranstalter die Künstler aus? Als Veranstalter sollte man sein Zielpublikum sehr gut kennen und wissen, welche Künstler es sich wünscht. Man muss den Markt genau beobachten und wissen, welche Musiker angesagt sind und zum Profil des Festivals passen. Auf diese Weise entsteht so etwas wie ein „Künstlerwunschzettel" (Spelman, 2018, S. 88–98).

Wie finanziert sich ein Festival? Ganz klar: Erst einmal durch den Ticketverkauf. Da einem Veranstalter die Gelder vom Ticketverkauf schon vor der Veranstaltung zur Verfügung stehen, kann er im Vorfeld des Festivals bereits damit arbeiten (Allen et al., 2011, S. 455–457).

Ein weiterer wichtiger Punkt bei der Finanzierung eines Festivals ist das Festival-Merchandise. Das Festival-Merchandise wird meist exklusiv vom Veranstalter verkauft. Das heißt, er hat i. d. R. eine Kooperation mit einem Merchandise-Hersteller, mit dem er zusammen die Produkte auf dem Festival anbietet (Schmidt, 2012, S. 43–45).

Die Quelle der wichtigsten zusätzlichen Einnahmen für den Veranstalter ist neben den Tickets der Getränkeverkauf. Dieser liegt oft in den Händen des

Veranstalters. Er arbeitet meistens mit einem Gewerk zusammen, vielleicht mit jemandem, der schon in der Gastronomie arbeitet, und bietet zusammen mit ihm die Getränke an. Wichtig ist: Die meisten Getränke, die auf einem Festival verkauft werden, sind alkoholische Getränke. In dem Fall ist es meistens Bier. Normalerweise haben die Veranstalter hierbei einen Bier-Sponsor. Dieser stellt i. d. R. auch die Verkaufsstände zur Verfügung (Allen et al., 2011, S. 470–471).

Noch ein wichtiger Punkt bei der Organisation eines Festivals ist die Festival-Sicherheit. Sie beinhaltet die Brandschutz-, Rettungs- und sicherheitstechnischen Belange (s. auch Abschn. 3.9.2).

Eines der wichtigsten Themen unserer Zeit ist der Umweltschutz. Dieser hat auch bei der Festivalplanung eine wichtige Stellung inne (Wynn-Moylan, 2018, S. 139–141). Man versucht, sein Festival grüner zu gestalten. Man achtet auf Müllvermeidung, darauf, dass das Essensangebot aus der Region kommt, bio und saisonal ist oder man sogar komplett auf das Angebot von Fleisch verzichtet. Man arbeitet mit Pfandsystemen und versorgt sich mit Öko-Strom. Laut Bottrill et al. (2010) entsprechen die Emissionen eines großen Musikfestivals an einem einzigen Wochenende dem CO_2-Fußabdruck einer Kleinstadt innerhalb eines Jahres. Die verschiedensten Möglichkeiten zum Umweltschutz werden in Abschn. 3.3.2 genauer unter die Lupe genommen.

Die Produktion von Festivals und Open-Air-Veranstaltungen

3

3.1 Konzept und Planung

Um eine strategische Planung und operative Umsetzung eines Festivals durchführen zu können, sollte man die Erkenntnisse und Aufgabengebiete des Eventmanagements heranziehen und umsetzen.

Diese Aufgaben sind in vier Hauptgebiete zu unterteilen, nämlich in Strategie, Verwaltung, Kreativität und Logistik (Bobel, 2009; Henschel, 2010). Das zeigt Abb. 3.1.

Außer einer Strategie existieren noch drei weitere Hauptgebiete des Eventmanagements: Neben der gesamten kaufmännischen und rechtlichen Abwicklung (Verwaltung) und der Gewährleistung einer reibungslosen Durchführung (Logistik) sind vor allem die kreative Ideenfindung, Inszenierung, die Auswahl der Gewerke und Künstler und die gestalterische Umsetzung des Events von besonderer Bedeutung.

Im Rahmen des Strategieprozesses ist eine Eingrenzung der Zielsetzung von großer Bedeutung. Eine genaue Zieldefinition ist deswegen wichtig, weil Ungenauigkeiten zur Zielverfehlung führen und somit das gesamte Projekt infrage stellen können. In die Zieldefinition sollten alle Projektteilnehmer einbezogen werden.

In der internen Unternehmenskommunikation und in der Kommunikation mit Projektpartnern ist es wichtig, Zieldefinitionen tiefergehend zu gestalten. Dabei sollten vor allem Zielgrade geklärt und Missverständnisse ausgeräumt werden.

Ziele können quantitativ und/oder qualitativ sein. Eine weitere Unterscheidung kann anhand der Bedeutung von Zielen vorgenommen werden. Danach lassen sich Haupt-, Neben- und Unterziele nennen, oder auch Kann- oder Mussziele.

© Der/die Autor(en), exklusiv lizenziert durch Springer Fachmedien Wiesbaden GmbH, ein Teil von Springer Nature 2022
M. J. Bauer et al., *Festivalmanagement*, essentials,
https://doi.org/10.1007/978-3-658-37586-7_3

Abb. 3.1 Aufgabengebiete des Eventmanagements. (Eigene Darstellung nach Bobel, 2009, S. 86, in Anlehnung an Henschel, 2010, S. 5)

Im Zusammenhang mit Zielen sollte man auch immer an die SMART-Formel als Eselsbrücke denken: spezifisch, messbar, angemessen, realistisch, terminiert.

Bei der Festivalplanung handelt es sich um eine Projektplanung. Daher sind die Erkenntnisse des Projektmanagements heranzuziehen (Watzka, 2016).

Jedes Projekt ist einmalig, zielorientiert und zeitlich befristet und wird durch eine Idee ausgelöst.

Ideen sind jedoch zunächst meist vage formuliert und erfordern nächste Schritte. Daher gilt die Devise: Um Chaos, Zeitverlust und unnötige Kosten bei der Festivalplanung zu vermeiden, ist es ratsam, im Vorfeld ein stichfestes Konzept und einen Projektplan zu verfassen.

Wenn man an ein geplantes Festival denkt, so kann man die Planung, Durchführung und Kontrolle auch in drei Phasen einteilen. Dies sind nach Bobel (2009, S. 83–84) die folgenden (siehe Abb. 3.2):

Abb. 3.2 Die drei Phasen eines geplanten Festivals. (Eigene Darstellung nach Bobel, 2009, S. 83–84)

1. **Phase 1 – Der Vorlauf:** Diese Phase umfasst die Planung und Vorbereitung des Festivals. Diese Phase ist zeitintensiv und beinhaltet planerische und organisatorische Aktivitäten. Dazu gehört auch eine strategisch-kreative Ideenfindung inklusive einer Konzepterstellung. Diese Phase beinhaltet die Schaffung temporärer organisatorischer Strukturen, wie z. B. die Bildung von Teams und die Aufgabenverteilung.

   Auch eine erste operative Umsetzungsplanung kann hier bereits stattfinden (z. B. Ablaufplanung, Umsetzungsplanung). Zudem werden in dieser Phase alle benötigten externen Produktionsfaktoren berücksichtigt (Zusammenarbeiten mit externen Dienstleistern, Lieferanten etc.).

2. **Phase 2 – Das Event:** Diese Phase betrifft das Event selbst. Hier findet man die Endkombination aller aktivierten Produktionsfaktoren mit dem externen Faktor.

3. **Phase 3 – Der Nachlauf:** Auswertung und Aktivierung (Rechnungserstellung, Geldflüsse)

Dienel (2004, S. 55–56) teilt ein Event bzw. Festival in folgende Planungsphasen ein (siehe Abb. 3.3):

1. **Machbarkeitsphase:** Chancen und Risiken einer Idee:

Abb. 3.3 Planungsphasen eines Festivals. (Eigene Darstellung nach Dienel, 2004, S. 55–56)

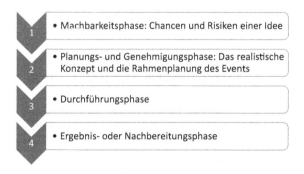

- Idee, Location und Sicherheit
- Markt und Umfeld
- Entscheidungsträger, Status und Finanzierbarkeit
2. Planungs und Genehmigungsphase: Das realistische Konzept und die Rahmen-
   planung des Events:
   - Ausgangslage, Veranstaltungsziele, Vorbereitungsrunde
   - Wahl der Eventagentur und Planungsorganisation
   - Szenarios und Eingrenzen von Eckdaten, insb. Teilnehmerprognose
   - Finanzierung, Versicherungen und andere Rahmenbedingungen
   - Akteure und ihre Genehmigungen
   - Verkehrs- bzw. Anfahrtsplanung
   - Sicherheit: Fluchtzonen, Szenarios und denkbare Störfälle
   - Belastungen des Umfelds (z. B. Anwohner)
   - Ablaufplan, Reserven
   - Probeläufe, Korrekturen
   - Begehung des Veranstaltungsortes
3. Durchführungsphase:
   - Umsetzung des Konzepts
4. Ergebnis oder Nachbereitungsphase:
   - Manöverkritik
   - Wirkungsabschätzung
   - Kontrolle
   - Auswertung

▶   **Wichtig** Hinter einer Idee muss eine Zielformulierung stehen. Diese
    muss an alle Projektpartner kommuniziert werden, oder man bindet
    diese bestenfalls von vornherein mit ein. Von besonderer Bedeu-
    tung: Hier lassen sich die Erkenntnisse aus dem Projektmanagement
    für die Planung, Durchführung und Kontrolle eines Events/Festivals
    verwenden.

3.2   Festivaldesign und Dramaturgie

Zurück zu den vier Hauptgebieten des Eventmanagements aus Abb. 3.1: Strategie, Verwaltung, Logistik und Kreativität (Bobel, 2009; Henschel, 2010). Im
Folgenden wird genauer auf die Kreativität, im Speziellen auf das Festivaldesign
und die Dramaturgie eingegangen.

Wenn man von Design im Zusammenhang mit Events bzw. Festivals spricht, so ist mit diesem Begriff ein Konzept gemeint, wie ein Event bzw. Festival aussehen soll. Und damit sind gestalterische Optionen wie Location, Story, Szenografie, Dramaturgie, Design und Projektion gemeint.

In diesem Zusammenhang taucht immer wieder der Begriff Experience Design auf, in dessen Rahmen sich Veranstaltungsdesigner mit allen Erfahrungen und Erlebnissen beschäftigen, die sich konsequent an der Zielgruppe orientieren. Das bedeutet, dass alle Ideen – und zwar wirklich alle – auf die Zielgruppe zugeschnitten werden, um deren Bedürfnisse zu befriedigen.

Somit lautet die Kernfrage, wie man als Veranstalter dieses Design plant und umsetzt. Dabei stehen kreative Ideen von Menschen im Mittelpunkt, die meist aus ganz unterschiedlichen Fachgebieten wie z. B. Theater, Film, Architektur, Design und Marketing kommen und ihre kreativen Ideen zum strategischen Ansatz der Kundenzentrierung verknüpfen.

Wichtig ist an diesem Punkt zu unterscheiden, warum das Festival überhaupt veranstaltet wird und welche Strategie sich dahinter verbirgt. Festivals – oder Events generell – können aus verschiedenen Gründen veranstaltet werden, nämlich zum Selbstzweck oder als Marketing- bzw. Kommunikationsinstrument zur Verwirklichung von unternehmerischen Zielen (Marketingzielen) oder sogar aus beiden Gründen gleichzeitig (Drengner, 2008, S. 32) (s. dazu auch Abschn. 1.2).

Festivals, die zum Selbstzweck veranstaltet werden, können dann selbst zur Marke werden (Wang, 2018; Bär & Lehnigk, 2015), wie nicht nur das Beispiel Wacken eindrücklich beweist. (Nier, 2019; Schöwe, 2012). Im Zusammenhang mit der Unterscheidung in Festivals zum Selbstzweck oder zum Marketingzweck muss der Vollständigkeit halber hier noch ein Satz zu sogenannten Showcase-Festivals verloren werden: Showcase-Festivals verbinden Musikfestival und (Festival-)Branchentreff. Anders als Mainstream-Festivals richten sie sich nicht an Endverbraucher als Zielgruppe, sondern an Personen, die selbst in der Musikbranche arbeiten (Galuszka, 2021). In Deutschland ist das Reeperbahn Festival eines der bekanntesten Showcase-Festivals.

Wenn man davon ausgeht, dass ein Festival als Kommunikationsinstrument dient, so steht dahinter meist eine Marke, ein Produkt bzw. eine Dienstleistung (Anzengruber, 2014). Hier dient das Festival als Marketing- bzw. Kommunikationsinstrument zur Verwirklichung von unternehmerischen Zielen. Die Denkstrategie hinter einem solchen Event ist, ein einzigartiges Erlebnis zu erschaffen, bei dem Produkt und Marke nicht nur Teil des Erlebnisses sind, sondern unverzichtbarer Höhepunkt der Story (Drengner, 2008).

Dabei ist es wichtig, ein Produkt/eine Marke in Szene zu setzen, und zwar mit überraschenden Ideen, die in die Herzen und Köpfe der Menschen vordringen.

Im besten Fall sollen alle fünf Sinnesmodalitäten eines Menschen einbezogen werden. Die Frage dahinter lautet, auf welche innovative Weise man durch Hören, Riechen, Schmecken, Sehen und Spüren ein Produkt auf einer dreidimensionalen „Bühne" erstrahlen lassen kann (Ronft, 2021). Pricken (2014, S. 150) definiert dazu einige Eckpunkte bzw. Lösungsansätze:

- **Storytelling:** Der Raum als Geschichte umhüllt das Produkt
- **Exploration:** Objekte werden mit allen Sinnen erfahren
- **Attraktion:** Überraschungen schaffen eine hohe Emotionalisierung
- **Interaktion:** Kunde, Produkt und Raum werden zum Dialog angeregt
- **Identifikation:** Erlebnisse und Angebote schaffen Vertrauen
- **Nachwirkung:** Anreize und Elemente lassen sich in den eigenen Alltag mitnehmen

3.2.1 Storytelling

„Geschichten sind nichts anderes als weitergegebene Lebenserfahrung, vermitteltes Wissen, Sachinformation schön verpackt – mit einer Problemlösung zum Schluss." (Thinius, 2017, S. 44).

Storytelling bedeutet, Geschichten zu erzählen. Und Geschichten lassen das Leben nicht nur leichter und einfach erscheinen, sondern sie bilden das Leben ab (Thinius, 2017, S. 46). Man denke dabei nur an den Ausspruch: „Geschichten, die das Leben schrieb." Ein weiteres Merkmal von Geschichten ist, dass hinter jeder Geschichte Sehnsüchte stecken.

Geschichten kommen in der rechten Gehirnhälfte an, im kreativen, emotionalen Teil und möglichst auch im Unterbewusstsein (Thinius, 2017, S. 46) Zum Vergleich: Systemisches Denken ist Aufgabe der linken Gehirnhälfte, die mit Daten und Fakten gefüttert werden möchte.

Da Festivals als Events interaktive Ereignisse sind, benötigen sie zudem kommunikationsfähige Inhalte, Handlungsformen, Ideen und Produkte, die sich erzählen lassen oder über die erzählt werden kann. Zudem benötigen Events identitätsstiftende Ereignisse, mit denen es sich zu beschäftigen lohnt. Sie müssen es wert sein, dass man Geist, Kraft und Geld in sie investiert (Gebhardt et al., 2000, S. 21).

Heute wird in vielen Fällen der Zugang zu Produkten nicht mehr direkt, sondern über stark emotionalisierte Erlebnisse geführt, die den Kontakt mit dem Objekt des Begehrens intensivieren (Pricken, 2014, S. 150).

3.2.2 Storyline

Eine Storyline bezeichnet den dramaturgischen Handlungsbogen eines Events, der im besten Fall schon bei der Pre-Event-Phase beginnt und sich bis in die Nach-Event-Phase zieht (vgl. dazu Abschn. 3.1 und Abb. 3.4). Den Aufbau einer Storyline liefert Thinius (2017, S. 11–12):

1. **Pre-Event-Phase:** In dieser Vor-Event-Phase wird ein Spannungsbogen erzeugt und auf das bevorstehende Event vorbereitet (durch Ankündigungen, Einladungen). Hier wird Spannung aufgebaut und Neugier erzeugt.

Mensch

Event nach dem Event
Follow-up, Spannungsbogen

3. Schritt

Hauptevent
Weiterführung. Finaler Spannungsaufbau. Drehbuch. Story.
Eintauchen in eine Welt mit neuen neuronalen Verknüpfungen jenseits bisheriger Erlebnisse. Neue Wahrnehmung. Zukünftig neue Überzeugungen.

2. Schritt

Pre-Event
Einladungen. Ankündigungen. Propädeutik.
Eventdramaturgie. Spannungsaufbau

1. Schritt

**Neuronales
Ideenfeuerwerk**

Induktive Ideenproduktion

Abb. 3.4 Schritte neuronal konzipierter Events (Thinius, 2017, S. 12)

2. **Eventdramaturgie:** Das ist die Phase des Hauptevents und der Weiterführung über verschiedene Stationen bis zum finalen Spannungsaufbau mit einem Drehbuch, in dem das Ergebnis des Events quasi vorweggenommen wird. Stichwort Dramaturgie: Es wird eine Geschichte erzählt, die das Besondere und Einmalige vermittelt.

3. **Event nach dem Event:** Der vermutlich wichtigste Teil der Eventdramaturgie ist das, was nach dem Hauptevent passiert. Um eine dauerhafte Kundenbindung zu gewährleisten, sollte für einen gleichbleibenden Höhepunkt im Spannungsbogen gesorgt werden (vgl. Thinius, 2017, S. 13).

Eine Storyline kann zudem im Rahmen kommunikationspolitischer Maßnahmen (z. B. für Social-Media-Aktivitäten) in den verschiedenen Eventphasen eingesetzt werden (Dams & Luppold, 2016, S. 10–11):

1. **Vor dem Event:**
   - Nutzung von bestehenden Plattformen (Facebook, Twitter, Instagram, XING etc.), um Kommunikationsinhalte durch Multiplikatoren zu verbreiten (Teilen erwünscht!).
   - Entwicklung von eigenen, individuellen Plattformen, wie eine Microseite bzw. Landingpage, die auf die eigene Website verlinkt. Die Erstellung einer Facebookseite für das Event mit der Aufforderung zum Mitmachen, zur Abfrage von Wünschen und Inhalten oder mit besonderen Inhalten zur Steigerung der Kontaktintensität. Nutzung von Smartphone-Apps (Cityguides des Veranstaltungsortes, Veranstaltungsguide mit relevanten Informationen oder Spiele, um den Event-Inhalt intensiv zu verankern).
2. **Während des Events:**
   - *Event Interactive Wall:* Über Social-Media-Plattformen können Kommentare in Echtzeit visualisiert werden
   - *Event Game-Wall:* Multiplayer-Games, um Botschaften spielerisch zu verankern
   - *Event Info-Wall:* Foto-Wall als digitales Gästebuch, Einspielen von Neuigkeiten
   - *Nutzung von Smartphones:* Einsatz von QR-Codes mit Internet-Verlinkungen für zusätzliche Informationen oder Einsatz von Augmented Reality, um die reale Welt mit virtuellen Informationen zu ergänzen
   - *Sprachcodes:* Beim Hurricane Festival und anderen gibt es bspw. den Satz „Wo geht's nach Panama?", den Festivalbesucher nutzen können, wenn es ihnen nicht gut geht, wenn sie ungewöhnliche Beobachtungen machen oder sich bedroht fühlen. Dabei müssen sie diese Frage nur dem Personal stellen

(Bar, Security, Jobbern, Polizei, Sanitäter) und ohne weitere Rückfragen werden sie sicher und sorgenfrei in eine geschützte Umgebung gebracht (Maucher, 2018).

3. **Nach dem Event:**
   - Das sind über Social Media inszenierte bzw. organisierte Ereignisse als Teil einer Kampagne zur Verbreitung von Botschaften oder um das Image zu fördern.
   - *Dokumentation:* Wie werden Videomaterial oder Bilder z. B. über You-Tube, Facebook, Instagram geteilt und kommentiert?
   - *Diskussionsforum:* Nutzen von individuellen oder bestehenden Kanälen zur Nachkommunikation oder als Feedback-Kanal.

In allen drei Phasen kann Gamification eingesetzt werden, denn das Wesen eines guten Spiels umfasst drei Bestandteile: eine spannende Herausforderung, Relevanz der zu erledigenden Aufgaben sowie die Freiheit, im Spiel jenseits der Regeln zu experimentieren. Der Begriff „Gamification" ist längst im Marketing angekommen (Gamification-Marketing) und dessen positive Wirkung ist bewiesen, denn Menschen lieben Spiele, weil sie glücklich machen. Spiele können also in allen drei Phasen des Events eingesetzt werden, sie können virtuell (über einen Smartphone App), real (z. B. ein Bällebad für Erwachsene) oder die Vermischung von real und virtuell sein (Shauchenka et al., 2014; Sailer, 2016).

3.2.3 Szenografie, Dramaturgie und Inszenierung

Szenografie
Szenografie ist die Kunst der Inszenierung im Raum. Von einer gekonnten Szenografie soll eine magische Wirkung ausgehen und somit Einfluss auf den Zuseher nehmen. Professionale Szenografien sind darauf ausgerichtet, Gefühle, Erregungen und Leidenschaften zu provozieren. Dabei sind wichtige dramaturgische Hilfsmittel Kulissen, Bühnen, Kostüme und Maske, Choreografie, Licht und Sound (Scorzin, 2014).

In den vergangenen Jahren ging der Trend zu immer aufwendigeren Szenografien in Form von multimedialen Gesamtinszenierungen. Ein gutes Beispiel dafür ist die Band Rammstein.

Dramaturgie
Ein gutes dramaturgisches Konzept übermittelt Botschaften und erzeugt Bilder im Kopf, die nachhaltig – aber subjektiv im Auge des Betrachters – wirken. Die

Hauptfrage hinter der Dramaturgie lautet: Was möchte ich erzählen, was ist das Thema?

Um den subjektiv empfundenen Wert des Festivals zusätzlich zu intensivieren, sind folgende Komponenten zu beachten (Pricken, 2014, S. 95):

- Die Ankündigung
- Der Start
- Der Countdown
- Der Termin ist erreicht
- Das Festival findet statt
- Die Entspannung
- Die Nachwirkung

Dramaturgie und Inszenierung sind Bestandteile der Konzeptphase und dadurch gekennzeichnet, dass in dieser Phase einer bloßen Idee Struktur und Form verliehen werden (Gundlach, 2013). Ein gekonnt verfasstes dramaturgisches Konzept gibt zudem erste Aussagen über Ablauf und Programm des Festivals.

Dem Dramaturgie-Planungsteam eines Festivals kommt dabei eine ganz besondere Aufgabe zu, denn hier werden sie zu Stückeschreibern und Storytellern, und zwar durchgehend – im Vorfeld, bei der Durchführung und im Nachgang des Festivals.

Bei der Dramaturgie handelt es sich um einen strategischen Prozess, der auf den Erkenntnissen der kognitiven Psychologie beruht. Wichtig dabei sind treffende Ideen, die in die Sinneskanäle der Menschen einwirken, und ein roter Faden, der sich durch die gesamte Inszenierung zieht.

Festivals (oder Events im Allgemeinen) können sechs Ebenen der Sinneswahrnehmung beeinflussen (Erber-Faller, 2013):

- **Visuell:** Über verbale und nonverbale Bilder und Inszenierungen
- **Auditiv/akustisch/vokal:** Über die Musik, Geräusche, Sprache
- **Haptisch/taktil:** Über Berührungen
- **Gustatorisch:** Über die Geschmackssinne, -richtungen
- **Olfaktorisch:** Über Gerüche
- **Thermal:** Über Temperaturen

Dies kann über sogenannte szenische Mittel in eine konkrete Form umgesetzt werden durch (Schäfer-Mehdi, 2006):

- Akteure

- Sprache, Tanz, Musik (Ausdrucksformen, die eine Botschaft wirkungsvoll befördern und auf eine emotionale Ebene ansprechen)
- Bühne, Raum und Ausstattung (hier werden der Raum und die gesamte Location genutzt, denn Events arbeiten mit der Kunst der vier Dimensionen)
- Bilder und Medien (z. B. Visuals)
- Licht, Ton und Soundeffekte (Stimmungen erzeugen durch Licht, Atmosphäre schaffen, Prioritäten bei Ton und Soundeffekten: hohe Verständlichkeit, der Situation angepasste Lautstärke, hervorragende Klangqualität)
- Duft (Gerüche wirken unmittelbar auf das Unterbewusstsein, allerdings bitte subtil und nicht massiv)
- Geschmack und Catering
- Haptische Erlebnisse (z. B. unterschiedlicher Fußboden, begehbares Erlebnis)
- Aktion (Aktivierung der Teilnehmer durch z. B. Gaming)

Ein dramaturgisches Mittel im Vorfeld des Festivals ist der Countdown: Beim Countdown wird eine zuvor festgelegte Zeitspanne (Wochen, Tagen, Stunden, Minuten oder Sekunden) rückwärts gegen Null gezählt. Ist dieser Zeitpunkt erreicht, tritt das erwartete Ereignis mit Spannung ein (Pricken, 2014, S. 94).

Dieser Spannungsbogen wird von Unternehmen und Veranstaltern gerne genutzt, denn „ein gut inszenierter Countdown entfesselt starke Emotionen, die den Wert von Dingen oder Ereignissen immer weiter hochtreiben, je näher man sich dem Zeitpunkt X nähert" (Pricken, 2014, S. 94).

Sicherlich ist es mit einem einfachen Countdown nicht getan, denn hierbei ist wichtig, mit dramaturgischen Effekten die Spannung des Countdowns zusätzlich anzuheizen.

Inszenierung

Eine erfolgreiche Eventinszenierung gliedert sich in folgende vier Ebenen, die von Weiermair und Brunner-Sperdin (2006, S. 43) folgendermaßen beschrieben werden:

- **Imagination/Illusionierung und inszenierter Kulissenzauber:** Eine Kulisse kann schöner und beeindruckender sein als die Wirklichkeit. Eine Imagination kommt ohne Szenerie und Dramaturgie nicht aus.
- **Attraktionen machen das Event unvergleichlich:** Es stellt sich das Gefühl des Einmaligen und Außergewöhnlichen ein. Dazu gehören auch das Unvorhersehbare und der Überraschungseffekt.
- **Perfektion bis ins kleinste Detail:** Alles muss perfekt geplant werden. Es gilt das Null-Fehler-Prinzip und nichts sollte dem Zufall überlassen werden.

- **Identifikation:** Diese entsteht nur bei ehrlicher Integration der Gäste, denn nur so entsteht ein Wir-Gefühl.

3.3   Veranstaltungsort (Location)

3.3.1 Auswahl des Veranstaltungsorts

Die Auswahl des Veranstaltungsortes (Location) ist nicht nur von der Attraktivität oder dem Image abhängig, sondern er muss auch noch vielen weiteren Ansprüchen genügen.

Schon der Ort allein kann dem Festival bereits einen ganz bestimmten Charakter verleihen und viele Veranstalter wählen diesen bewusst für ihr Festival aus. So hat der Veranstalter des „Chiemsee Summer Festival" von Anfang an eine geeignete Veranstaltungsstätte am Chiemsee gesucht.

Die Auswahl der Location kann einen wichtigen Baustein der Veranstaltung darstellen und Lust auf die Veranstaltung machen, die Veranstaltungsbotschaft tragen oder gar kommunizieren und auch dabei helfen, die Veranstaltungsziele erlebbar zu machen. Letztlich sollte sie den Rahmen bieten, in dem sich die Besucher wohlfühlen (Graeve, 2019).

Folgende Veranstaltungsorte können nach Syhre und Luppold (2018, S. 5–6) voneinander abgegrenzt werden:

- Messegelände/Messehallen
- Mehrzweckhallen/Arenen/Hangar
- Open Air/Stadien
- Kultur- und Konzerthallen/Kongresshäuser/Stadthallen
- Bühnen/Theater/Museen
- Diskotheken/Clubs/Restaurants/Ballsäle/Hotels
- Zelte/Zirkusse/Jahrmärkte/Fliegende Bauten[1]
- Fernsehstudios
- Special Event Locations/außergewöhnliche Veranstaltungsstätten/Schlösser/ Burgen

---

[1] Fliegende Bauten sind bauliche Anlagen, die geeignet sind, wiederholt aufgestellt und abgebaut zu werden, z. B. Bierzelte, Fahrgeschäfte, Tribünen (Syhre & Luppold, 2018, S. 14).

Die Location ist eine der wichtigsten Komponenten innerhalb der Festivalplanung. Ihr kommt deswegen eine besondere Bedeutung zu, da sie Atmosphäre und Ambiente schafft und den äußeren Rahmen eines Festivals bildet (Erber-Faller, 2013).

3.3.2 Rahmenbedingungen der Location

Bei der Auswahl der Location ist nicht nur die Passgenauigkeit zur Art des Festivals von Bedeutung, sondern sie muss auch die äußeren, infrastrukturellen, wirtschaftlichen und rechtlichen Rahmenbedingungen erfüllen (Abb. 3.5):

- **Äußere Rahmenbedingungen**

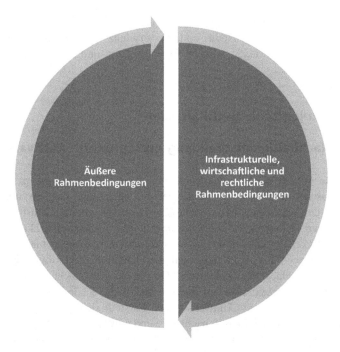

Abb. 3.5 Wechselspiel von äußeren, infrastrukturellen, wirtschaftlichen und rechtlichen Rahmenbedingungen bei der Auswahl der richtigen Location. (Eigene Abbildung)

- Konventionell oder unkonventionell, außergewöhnlich bzw. zweckentfremdet (z. B. alte Fabrikhallen, historische Gebäude/Hallen, besondere naturräumliche Verhältnisse)
- Locations im besonderen Naturraum (z. B. Berg, Meer, See etc.)
- Image/Bekanntheitsgrad der Location
- Ästhetik der Location
- Passgenauigkeit zum Eventinhalt (oder das Gegenteil: starker Kontrast zum Eventinhalt)
• **Infrastrukturelle, wirtschaftliche und rechtliche Rahmenbedingungen**
  - Infrastruktur (z. B. Parkplätze, Anbindung, Lagermöglichkeiten)
  - Naturräumliche Voraussetzungen (z. B. Voraussetzung des Bodens, Standort, Verkehr, Schutzgebiete meiden)
  - Übernachtungsmöglichkeiten (z. B. Camping, Ferienwohnung, Hotel)
  - Ausstattung (z. B. Kapazität, Technik)
  - Kosten/Nutzen
  - Vertragliche und politische Vorgaben/Regelungen
  - Umweltschutz (z. B. Natur- und Wasserschutz, Bodenbelastung, Ver- und Entsorgung, Abwasser, Verkehr, Energie, Lärm- und Lichtemissionen)

3.4   Ökologische Nachhaltigkeit

3.4.1   Nachhaltigkeitsdreiklang und „grünere" Festivals

Veranstalter von Festivals sollten nicht nur aus rechtlichen, sondern auch aus umweltethischen Gründen im Sinne der Nachhaltigkeit handeln und dabei vor allem Umweltaspekte berücksichtigen. Daher ist ein möglichst moralisch verantwortbarer Umgang mit der Natur unabdingbar (Aßmann, 2021).

Nachhaltigkeit ist ein Dreiklang aus ökologischen, sozialen und wirtschaftlichen Faktoren (Abb. 3.6), welcher auf die Definition der Europäischen Kommission zurückgeht. Die ökologische Dimension der Nachhaltigkeit ist die bekannteste und derzeit wohl am meisten diskutierte Säule, denn man verbindet diese mit dem Begriff „Umweltschutz". Es stellt sich daher die Frage, wie ein Festival-Betreiber ökologisch nachhaltig und umweltschonend handeln kann – und dies dann letztlich auch kommunizieren kann (Bauer & Sobolewski, 2022; Ternès & Towers, 2014).

Seit einigen Jahren machen sich Festival-Betreiber zunehmend darüber Gedanken, wie ihre Events „grüner" werden können. Dabei geht es lange nicht mehr nur

Abb. 3.6 Der Dreiklang
der Nachhaltigkeit.
(Bauer & Sobolewski,
2022)

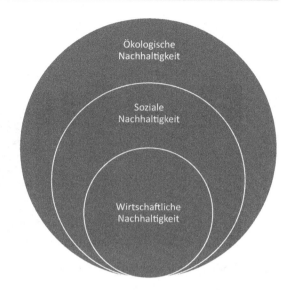

um die Reduzierung oder Vermeidung von Abfällen – obwohl dies das sichtbarste Problem ist –, sondern es geht um mehr. Daher muss man etwas genauer auf die Umweltschutzkomponenten in Bezug auf Festivals eingehen. Eines sei jedoch vorher anzumerken: Ein nicht nachhaltiges Handeln hat auch wirtschaftliche und soziale Auswirkungen, denn eine Verschwendung der Ressourcen kostet letztendlich auch Geld und entfernt die Menschheit immer weiter von einer lebensfähigen und lebenswerten Welt.

Welches Gefühl stellt sich bei solchen Bildern wie Abb. 3.7 ein? Sicherlich kein gutes. Wenn man bedenkt, dass etwa zur Jahrtausendwende kaum jemand sein Zelt auf einem Festivalgelände zurückgelassen hat, nur, weil es verschmutzt war, so bleiben heute die billigen, nur für ein Wochenende gekauften Zelte einfach nur stehen bzw. liegen (Aßmann, 2021).

In den vergangenen Jahren verstärkte sich der Trend der Neoökologie und Begriffe wie Umweltschutz und Ressourcenschonung wurden wieder salonfähig. Festival-Betreiber reagierten – auch durch öffentlichen oder politischen Druck oder aus eigenem Antrieb heraus – mit neuen, nachhaltigen Ideen.

Abb. 3.7 Schlachtfeld Festivalgelände. (Privatfoto: Tom Sprinter 2014)

3.4.2 Umweltverträgliche Gestaltung von Festivals

Es entstanden Umweltlabels bzw. Vereine, denen sich Festival-Betreiber gerne
anschlossen, wie z. B. die Sounds of Nature Foundation e. V., die bereits
im Jahr 2013 einen Leitfaden für die umweltverträgliche Gestaltung von
Open-Air-Veranstaltungen herausgebracht hat und u. a. folgende beispielhafte
Lösungsmöglichkeiten vorschlägt (Sounds for Nature Foundation e. V., 2013):

- **Mobilität und Transport:**
  - *Problem:* Luftbelastung durch Autos und Lkw, Verbrauch von fossilen
    Brennstoffen, Lärmbelästigung durch An- und Abreise sowie Auf- und
    Abbau.
  - *Lösung:* Förderung der An- und Abreise mit umweltfreundlichen Verkehrs-
    mitteln (z. B. Kombiticket mit Bus/Bahn), Vermeidung der Auswirkung auf
    Flora/Fauna und Boden durch veranstaltungsinduzierte Verkehre (Trans-
    port), Auswirkungen auf Anwohner durch Stand- und Wartezeiten bei Auf-
    und Abbau reduzieren, intelligente Verkehrslenkung
- **Abfall:**
  - *Problem:* Berge von Abfällen, leere Flaschen und Dosen, weggeworfene
    Verpackungen, Essensreste, Flyer/Werbeartikel, Outdoor-Equipment.

– *Lösung:* Förderung der Abfalltrennung, Reduzierung der Abfallmenge in der Auf- und Abbauphase, Mehrweggeschirr und Geschirrreinigung anbieten, Pfandsystem mit Anreiz (bei Rückgabe nicht nur Pfand zurück, sondern auch eine Spende z. B. an eine Umweltorganisation), Mitbringverbot von Getränken (dafür aber kostenloses Trinkwasser/Brunnenwasser anbieten), auf kontinuierliche Reinigung achten (wo einmal etwas liegt, wird etwas dazugeworfen), langlebige Werbegeschenke anbieten, weil sie seltener weggeworfen werden

• **Camping:**
– *Problem:* Berge von zurückgelassenem Abfall, Vegetationsschäden, Bodenverdichtung, Brandgefahr, Stören der Tierwelt, Wildpinkeln durch Mangel an (sauberen) Sanitäranlagen, Lärm.
– *Lösung:* Effektives Campingplatzmanagement, Anreize schaffen (Müllsackpfand), Problematik des „Zelt-Zurücklassens" deutlich machen, ausreichend saubere sanitäre Anlagen bereitstellen.

Weitere Eckpunkte im Leitfaden sind der Energie- und Klimaschutz bspw. durch Ökostrom, Solarpanels und effiziente technische Geräte.

Aber auch die Verpflegung kann nachhaltig gestaltet werden durch das Angebot an Bioprodukten, lokale Zulieferer, ein durchdachtes Restemanagement, die bessere Portionierbarkeit von Speisen und eine planmäßige Verwertung von Lebensmittelresten.

Auch der wohlüberlegte Einsatz von Material steht plötzlich auf dem Plan. Damit sind z. B. Fair-Trade-Merchandising-Produkte gemeint. Ebenfalls stehen gut durchdachte Konzepte im Wasser- und Sanitärbereich und in der Lärm- und Lichtemission heutzutage auf der Planungsagenda von Festivalbetreibern.

Letztlich sollte dieses „Ecotainment" – wie Sounds for nature das Thema bezeichnet – durch eine sinnvolle Öffentlichkeitsarbeit, also grüne Kommunikation (Bauer & Sobolewski, 2022), begleitet werden und dem Besucher sollten die Inhalte rechtzeitig kommuniziert werden, um ihn für den Umweltschutz zu sensibilisieren (Sounds for Nature Foundation e. V., 2013, S. 33).

Auch stellen Festivals gute „Lernorte" für eine Umweltsensibilisierung dar, denn die Verknüpfung von Unterhaltung und Information für den Umweltschutz wirkt weniger schulmeisternd. So findet mit kreativen Ideen ein spielerischer Zugang statt und in Freizeitatmosphäre werden Aspekte des Umweltschutzes leichter „gelernt", z. B. durch Offensiven, Kampagnen, Umweltinfostände, Naturerlebnisprojekte während der Veranstaltung (Sounds for Nature Foundation e. V., 2013, S. 80–81).

Wie mittels Nudging im Eventkontext (Bär & Korrmann, 2020) auch die Besucher eines Festivals zu einer Verhaltensänderung für ökologisch nachhaltigere Musikfestivals „angestoßen" (engl.: to nudge) werden können, ohne dass dazu Zwang ausgeübt wird, untersucht Aßmann (2021) am Beispiel von Festivals in Deutschland.

3.5   Beleuchtungs- und Medientechnik

3.5.1   Bühne und Beleuchtung

Die Beleuchtungs- und Medientechnik ist eine äußerst wichtige Komponente bei Festivals, denn ein Event ohne Licht und Projektion kann man sich nur schwer vorstellen.

Beginnend mit der Bühne: „Nehmen wir an, ein Mensch wird durch eine Bühne, ein Podest, ein Rednerpult oder einen Altar erhöht, dann ist unsere einzige Chance, ihn zu sehen, ein nach oben gerichteter Blick. Womit der Umstand der Erhöhung die Menschen rundherum in eine vorgegebene Rolle führt: Sie werden zum Zuschauer und blicken gleichzeitig mit vielen anderen von unten auf die erhobene Person. Und sie verhalten sich ungewollt so, als ob dieses Individuum tatsächlich eine herausragende Bedeutung hätte. Interessanterweise entstehen Wert und Bedeutung nicht aus sich selbst heraus, sondern erst aus dem Verhalten der Menschen, zu dem sie durch diese Erhöhung mehr oder weniger gezwungen sind." (Pricken, 2014, S. 18; vgl. Lehmann & Kopiez, 2012).

Dieses Zitat beschreibt, dass eine Bühne nicht nur dazu dient, die physische Sichtbarkeit der Personen auf der Bühne zu erhöhen, sondern sie ist auch aus psychologischer Sicht von Bedeutung – nämlich indem sich aus Zuschauersicht der Wert der auf der Bühne befindlichen Person(en) erhöht.

Der technische Bühnenaufbau beinhaltet üblicherweise folgende Einrichtungen (Grösel, 2015):

- Mechanische Systeme zur Gestaltung des Bühnen- und Zuschauerraumes in Spielstätten (Outdoor und Indoor)
- Mechanische Systeme zum Bewegen von Bauelementen der Bühne, zur szenischen Gestaltung und für Verwandlungen zum Wechseln des Bühnenbildes
- Mechanische Systeme zum Fördern und Lagern von Dekorationselementen
- Mechanische Einrichtungen für den Brandschutz
- Einrichtungen der Beleuchtungs- und Projektionstechnik

- Rigging (darunter versteht man den Auf- und Abbau von Traversen für Veranstaltungstechnik)
- Akustische Systeme der Tontechnik

Eine wichtige Komponente des Bühnenaufbaus ist das sogenannte „Rigging". Damit ist ein Traversensystem gemeint, welches aus einer Aluminiumkonstruktion besteht und für Showlicht, Beschallung und andere Hängepunkte (z. B. Artistik und Effekte) benötigt wird (Syhre & Luppold, 2018, S. 28).

Was die Beleuchtungstechnik anbelangt, lassen sich grundsätzlich fest installierte beleuchtungstechnische Anlagen von den zusätzlich installierten Showbeleuchtungsanlagen unterscheiden. Letztere haben je nach Größenordnung einen meist erheblichen Bedarf an elektrischen Anschlüssen, bei denen die Ansteuerung komplex ist und über Netzwerke realisiert wird (Syhre & Luppold, 2018, S. 15).

Für eine Stimmungsbeleuchtung und Effektbeleuchtung auf der Bühne und im Zuschauerraum sind folgende Beleuchtungsarten voneinander abzugrenzen: (Syhre & Luppold, 2018)

- Fest installierte Scheinwerfer, um z. B. Bühnen oder Dekorationen flächig auszuleuchten
- Bewegbare Scheinwerfer für die moderne Showbeleuchtung (z. B. für Farbwechsel, Projektion von Visuals/Bildern auf Flächen)

Um ein Gefühl dafür zu bekommen, welche Möglichkeiten der Beleuchtungstechnik es gibt, hier einige Beispiele:

- Scheinwerfer und Multifunktionsscheinwerfer für Lichteffekte
- LED-Beleuchtung (LED-Leuchten, LED-Bar)
- Laser
- Moving Head
- Licht-Scanner
- Beamer
- Akkuleuchten
- Theaterscheinwerfer, PAR-Scheinwerfer
- Verfolger
- UV-Strahler
- Fluter
- Stroboskope
- Nebelmaschinen/Dunsterzeuger (Hazer)/Seifenblasenmaschine

- Diskokugeln
- Steuerungen und Installation: Lichtsteuerung, Dimmer, Lichttechnik-Installationen
- Komplette Beleuchtungsanlagen, Zubehör, Traversen

An dieser Stelle muss der Vollständigkeit halber darauf hingewiesen werden, dass die gesamte Festivaltechnik natürlich von einer stabilen Stromversorgung abhängt. Diese ist insbesondere außerhalb urbaner Infrastrukturen nicht zwangsläufig vorhanden. In diesen Fällen muss eine ausreichend leistungsstarke mobile Energieversorgung sichergestellt werden (Kubin, 2021).

3.5.2 Medientechnik

Zur Medientechnik zählen die Audiotechnik (Tontechnik), auf die im folgenden Abschn. 3.6 noch genauer eingegangener wird, und die Bild-, Video- und Projektionstechnik.

Bei Konzertbesuchen wird die Bühnenshow zur besseren Sichtbarkeit und Wahrnehmung zusätzlich auf Großbildwänden gezeigt. Um ein brillantes Bild zu produzieren, sind daher geeignetes Equipment und eine Kameraregie erforderlich. Die Anzahl eingesetzter Kameras bestimmt dabei die Menge an Vorschaumonitoren und die Größe der Verteiler. Aufgabe der Bildregie ist neben der klassischen Bildmischung auch die Überblendung mit Schrift (z. B. Logo, Chart) oder die Erstellung von Digitaleffekten (Syhre & Luppold, 2018, S. 39–40).

3.6 Tontechnik und Live-Mix

3.6.1 Tontechnik und Equipment

Die Tontechnik ist neben der Beleuchtungstechnik etwas, das man keinesfalls selbst in die Hand nehmen, sondern Fachleuten überlassen sollte. Nur sie können dafür sorgen, dass Sprache und Bühnensound beim Publikum akustisch gut ankommen und dass die Technik reibungslos funktioniert (Hillenkötter, 2018).

Da sich die Technologie rasant weiterentwickelt, kann man nicht pauschal sagen, über welches Equipment Tontechniker verfügen sollten. Klar ist, dass man für die Abnahme und Wiedergabe einer Band im Rahmen z. B. eines Konzerts eine Menge Material benötigt (Hillenkötter, 2018).

Abb. 3.8 Ablauf und Herangehensweise an den Live-Mix beziehungsweise die Live-Tontechnik. (Eigene Abbildung nach Hillenkötter, 2018)

Man benötigt gewöhnlich mindestens Mikrofone sowie Stative und Clips, DI-Boxen[2], Kabel, ein passendes Multicore, ein Mischpult, eventuell externe Rack-Geräte sowie Monitore und eine Beschallungsanlage, die zur öffentlichen Beschallung dient. Und das alles gehört in einen wasserdichten, robusten Koffer (Hillenkötter, 2018, S. 43).

Live-Mix oder Live-Tontechnik, wie es auf Festivals der Fall ist, ist ein komplexes Unterfangen. Es sind einige grundlegende Herangehensweisen (s. Abb. 3.8) zu berücksichtigen (Hillenkötter, 2018):

- Vorbereitung,
- Aufbau,
- Soundcheck und
- schließlich das Mischen der Liveshow.

Die Vorbereitung beginnt mit der detaillierten Planung des Konzertes. Folgende wichtige Komponenten müssen mit der Band und dem Live-Mischer und/oder Tontechniker besprochen werden (Hillenkötter, 2018, S. 20–21).

- Zeit und Ort der Veranstaltung
- Zeitrahmen für Load-in
- Zeitpunkt, Ablauf und Durchführung von Aufbau und Soundcheck
- Voraussichtliche Dauer der Veranstaltung
- Welches Equipment befindet sich vor Ort?
- Welches Equipment wird (wann) aufgebaut?
- Informationen darüber, was mitzubringen ist
- Was bringt die Band mit?
- Was bringt bspw. eine Verleihfirma mit?
- Welche Beschallungsanlage wird/soll zum Einsatz kommen?
- Wo wird sich das Mischpult befinden (FOH = Front of House)?
- Welche Bühnenmonitore gibt es?

---

[2] Direct Injection, Direkt-Einspeisung.

3.6.2 Soundcheck

Beim Soundcheck sind mehrere Komponenten wichtig. Vor allem geht es zunächst darum, dass sich die Band selbst gut auf der Bühne hören kann.

Selbstverständlich geht es auch darum, dass die Band bei den Zuhörern gut ankommt. Deshalb sollte im Vorfeld besprochen werden, welcher Sound gewünscht ist. Beim Soundcheck sollten die Bandmitglieder befragt werden, ob der gewünschte Sound getroffen wurde. Der Soundcheck beginnt mit dem üblichen Einpegeln der Kanäle und es wird versucht, so viele Mikros wie möglich offenzuhaben. Der Grund ist, dass dies den Gesamtsound deutlich beeinflusst und Resonanzen im Vorfeld behoben werden können (Hillenkötter, 2018, S. 85).

Folgende Checks werden durchgeführt (Hillenkötter, 2018, S. 85–86):

- Einpegeln der Kanäle
- Schnelle, möglichst intuitive Klangeinstellung einzelner Kanäle
- So viele Mikros wie möglich offenhalten
- Resonanzen etc. eliminieren, Mikrofonpositionen ausprobieren, Feineinstellungen
- Songs einspielen, auch einzelne Instrumente
- Einen lauten und einen leisen Song einspielen
- Einstellen der PA-Anlage (= Public-Adress-Anlage, Beschallungsanlage)
- Raumakustik einbeziehen (Achtung! Eine hohe Lautstärke ist in Anwesenheit des Publikums nicht mehr so hoch)
- Letzte Vorbereitungen vor der Show: Überprüfen des Bühnenequipments inkl. Ausrichtung der Mikrofone, Zustand der Stative, Mikrofonklammern, Kabeln und Steckverbindungen, Überprüfen der geladenen Szenen am Pult, Kanaleinstellungen, Parametereinstellungen der Effektgeräte und Kompressoren

3.6.3 Mischen der Liveshow

Damit der Mix gut ausbalanciert (ausgewogen, angenehm, nicht zu grell und nicht zu dumpf) ist und zum Genre der Musik passt, muss der Live-Mischer die Instrumente entsprechend aufeinander abstimmen und die Balance finden. Auf der anderen Seite ist jedoch darauf zu achten, dass ein zu ausbalancierter Mix ggf. glatt und langweilig wirken kann (Hillenkötter, 2018, S. 74).

Der Live-Mischer achtet im besten Fall außerdem auf die momentane Situation auf der Bühne, auf den gerade gespielten Song und die Stimmung der

Audience. So kann er grandios gespielte Solos der Musiker besonders inszenieren (Lehmann & Kopiez, 2012) und tontechnisch hervorheben oder etwa vermasselte Parts vertuschen (Hillenkötter, 2018, S. 74). Während eines Songs können sogenannte DCAs genutzt werden (Digitally Controlled Amplifier, zusammengefasste Fader) für bestimmte Instrumentengruppen, um eine wechselnde Intensität zwischen Strophe und Refrain herauszuarbeiten (Hillenkötter, 2018, S. 92).

Ein weiterer Aspekt ist das Einbeziehen der Räumlichkeit, in der das Konzert stattfindet. Das ist ein sehr wichtiger Aspekt, denn auch hier ist eine Balance der Lautstärkenunterschiede in den verschiedenen räumlichen Dimensionen herzustellen und ein uniformer Klang zu erzeugen (Hillenkötter, 2018, S. 76). Auch eine sogenannte Tiefenstaffelung ist nötig. Das bedeutet, dass „nach vorne geholt" werden soll, was dorthin gehört, und ebenso das Gegenteil, denn manche Dinge gehören in den Hintergrund. Der Live-Mischer arbeitet hier mit viel Schärfe, Unschärfe, Effekten etc., denn wenn alles gleich präsent nach vorne scheint, dann kommt die Dimensionalität abhanden.

3.6.4 Livemitschnitt

Oft besteht der Wunsch, ein Konzert aufzunehmen, also live mitzuschneiden. Gründe dafür können die Veröffentlichung einer Liveaufnahme sein, die Vertonung eines Videos oder die Archivierung. Beim Live-Mischen genügt es nicht, einfach ein Notebook und ein USB-Kabel zu installieren, sondern bei der Abmischung eines reinen Livekonzertes sollte u. a. Folgendes beachtet werden (Hillenkötter, 2018, S. 97–98):

- **Pegel:** Schon beim Soundcheck sollte sorgfältig auf das Einpegeln der Kanäle geachtet werden.
- **DI-Sound:** Leise Akustikinstrumente, wie Streicher oder Akustikgitarren, könnte man zusätzlich über eine DI-Box abgreifen. Diese wandelt asymmetrische in symmetrische Signale um und verringert somit Störsignale.
- **Raum und Publikumsmonitore:** Hier bietet sich der Einsatz von Mikrophonen an, um den Eindruck des gesamten Konzertgeschehens und die Reaktion des Publikums einzufangen.

Beim späteren Abmischen des Livemitschnitts sollte die Frage berücksichtigt werden, welches Ziel dabei verfolgt wird.

Beispiel
Man benötigt den Mitschnitt eines Festivals für die Bewerbung des Festivals, das ein Jahr später erneut stattfindet. Sicherlich kann man sich vorstellen, dass hier die Liveatmosphäre für das Marketing eine entscheidende Bedeutung hat. Das heißt, dass auch der Raumklang des Publikums benötigt wird, um die gesamte Atmosphäre des Festivals einzufangen. Und vielleicht ist das Klatschen, Singen und Schreien des Publikums in diesem Fall sogar von größerer Bedeutung als der klare, dominante Sound der Musiker. Daher benötigt der Dienstleister (Live-Mischer), mit dem man zusammenarbeitet, die wichtige Information, wofür der Live-Mitschnitt konkret verwendet werden soll. Dies gilt jedoch nur für kurze Sequenzen. Werden Tonträger verkauft oder ein Film erstellt, so wechseln sich die Effekte ab bzw. werden verstärkt und verändert.

3.7   Musik- und Künstlermanagement und Booking

3.7.1 Musikmanagement

Das Musik- und Künstlermanagement ist eine tragende Säule von Festivalveranstaltern, denn was nützt das schönste Festival, wenn dort keine Künstler auftreten?

Der Begriff Musikmanagement wird gemeinhin mit Konzertmanagement gleichgesetzt und meist als bloße Veranstaltungstätigkeit verstanden. Musikmanagement spielt sich jedoch in folgenden Aufgabenfeldern ab: Veranstaltung, Vermittlung und Verwertung. Im Folgenden steht das Musik- und Künstlermanagement im Bereich Planung und Booking im Fokus. Die wichtigsten Phasen des Künstler-Bookings sollen hier erläutert werden, von der Recherche bis hin zur Verhandlung, Vereinbarung und zum Vertrag.

Bei der Recherche nach geeigneten Künstlern gibt es die Möglichkeit, Künstler direkt oder über eine Agentur zu kontaktieren. Agenturen bilden die Schnittstelle zwischen Künstlern und Veranstaltern. Große Künstleragenturen sind meist alteingesessene und renommierte Firmen, die Vermittlung und Betreuung von Künstlern gewerbsmäßig betreiben. Ihr Geschäftsideal ist die „Generalvertretung" möglichst prominenter Künstler. Dabei wird ein Großteil des Musikermarktes von einigen wenigen Künstleragenturen, die ihrerseits sogar Prominentencharakter besitzen, bedient (Rauhe & Demmer, 1994, S. 228).

Der Grad der Zusammenarbeit von Künstlern und Agenturen kann von einer unverbindlichen Vermittlung lokaler Auftrittsmöglichkeiten und Konzertterminen bis hin zum umfassenden weltweiten Management reichen (Glashoff, 2012, S. 218).

In Deutschland existieren viele zumeist kleinere Agenturen, deren Tätigkeit i. d. R. auf den deutschsprachigen Raum begrenzt ist. Sie haben oft eine enge persönliche Beziehung zu den Künstlern (Glashoff, 2012, S. 218).

Aber auch Plattenfirmen sind in der Künstlervermittlung oder in der Konzertveranstaltung tätig, wie z. B. Sony Music oder Universal Music.

3.7.2 Vertragsvereinbarungen

Basisvereinbarungen von Künstler- und Agenturverträgen sehen im Prinzip ähnlich aus, jedoch gibt es wesentliche Unterschiede nach Art und Umfang, insbesondere bei Vereinbarungen für Technik (Technical Rider), Verpflegung (Catering Rider) und Unterbringung (Hospitality Rider) (Reynolds, 2022, S. 3–179). So haben Künstler verschiedene Anforderungen, aber man muss auch nicht jeden Spleen tolerieren (Kästle, 2012, S. 77–78).

Wesentliche Inhalte des Vertrages sollten sein (Kästle, 2012, S. 77–78):

- Veranstaltungstermin, -ort, -zeit
- Aufbau- und Abbauzeiten
- Gagenvereinbarung, evtl. prozentuale Beteiligung z. B. an Eintrittsgeldern (Mindestgage, besucherabhängig, volles Risiko liegt beim Veranstalter)
- Hotelvereinbarung (Anzahl Zimmer, Ausstattung)
- Reisekostenregelung (Flugzeug, Bahn, Pkw, Truck)
- Zahlungsvereinbarungen für Gage, Hotel- und Reisekosten
- Technische Details (z. B. Stage Plan, Lightning Plan)
- Gefordertes Material (bestimmte Hersteller, Eigenschaften)
- Anzahl Künstlergarderoben und deren (besondere) Ausstattung, kulinarische Details
- Ansprechpartner am Veranstaltungsort und Hotels, Tournee Begleitung, Catering etc.
- Name und Anschrift der Vertragspartner
- Angabe der Steuernummern
- Salvatorische Klausel, AGB und Gerichtsstand
- Regelungen zur Kostenübernahme von GEMA-Gebühren

- Vereinbarung zur Absage oder zum Ausfall der Veranstaltung (wg. Krankheit, schlechten Wetters bei Open Air oder mangelnden Ticket-Vorverkaufs)
- Anfahrtsbeschreibung für Veranstaltungsort und Hotel
- Rider als separater Vertragsbestandteil:
  - *Technical Rider:* Ein Dokument, welches die Anforderungen der Künstler an Bühne, Beschallung, Beleuchtung etc. regelt
  - *Catering Rider:* Ein Dokument, welches die Anforderungen der Künstler bezüglich Verpflegung während des Aufenthalts am Gastspielort regelt
  - *Hospitality Rider:* Ein Dokument, welches Details wie Ankunft, Sicherheitspersonal, Garderobenanforderungen, Aufbauhelfer etc. regelt.

3.8   Gewerke und Logistik

Eine gut geplante Logistik gewährleistet eine reibungslose Durchführung des Festivals.

Fachleute sind sich darüber einig, dass Logistik nicht nur elementare Transferaktivitäten des Transportes, Umschlagens und Lagerns bedeutet, sondern darüber hinaus auch, was davor und danach passiert. Dabei übernimmt die Logistik auch Steuerungs- und Koordinierungsaufgaben (Bobel, 2009, S. 183).

Dienstleistungen – und bei einem Festival spricht man von einer solchen – sind dadurch gekennzeichnet, dass sie quasi hochverderbliche Waren sind. Im Zusammenhang mit der Logistik bedeutet dies: Wenn am selben Tag verspätet oder gar erst am nächsten Tag angeliefert wird, dann ist das Festival vorbei und nichts mehr von dem wird gebraucht (Bobel, 2009).

Aus diesem Grund sind Logistik und Netzwerke von hoher Bedeutung. Diese Netzwerke können in Form von festen oder losen Beziehungen mit Dienstleistern erfolgen. Feste Netzwerkbeziehungen haben den Vorteil der einfacheren Steuerung aufbauend auf Erfahrung und Vertrauen, müssen aber nicht immer die beste Lösung sein (Bobel, 2009).

Aufgrund der hohen Komplexität eines Festivals ist wohl die Hauptherausforderung die Kommunikation und Abstimmung. Vor allem aber gibt es Probleme an den Schnittstellen. Die Eventtechnik wird trotz aller Vorbereitungen und Vertrauen zu Netzwerkpartnern immer der größte Risikofaktor bleiben. Daher ist die Auswahl der richtigen Zulieferer von großer Bedeutung (Bobel, 2009).

3.9   Sponsoring

Sponsoring zählt bereits zu den etablierten Instrumenten im Kommunikationsmix von Unternehmen. Erste Sponsoringaktivitäten gab es schon in den 1960er Jahren als Form der sogenannten „Schleichwerbung" bei Sportveranstaltungen sowie in den 1970er Jahren als Form der Sportwerbung. Heute hat sich Sponsoring als häufig fester Baustein im Kommunikationsmix etabliert (Bruhn, 2018).

Sponsoring gilt als eine weitere Form der Marketingkommunikation und der Sponsor fördert dabei sportliche, soziale oder künstlerische Aktivitäten i. d. R. durch Geld-, Sach- oder Dienstleistungen und verfolgt dabei ein unternehmerisches Ziel. Dieses Ziel kann bspw. durch eine Werbepräsenz am Veranstaltungsort oder andere kommunikationspolitische Maßnahmen vor Ort oder im Vorfeld erreicht werden. Grundlage für die Art und Höhe der Sponsoringleistung sind die Art des Events und die Anzahl der entsprechenden Menschen (Zielgruppe), die man mit der Sponsor-Aktivität erreicht (Bruhn, 2018).

Grundsätzlich basiert das Sponsoring auf dem Prinzip von Leistung und Gegenleistung. Dabei setzt der Sponsor seine Fördermittel in Form von Geld, Sachmitteln und Dienstleistungen ein und erwartet dafür eine Gegenleistung. Als Gegenleistung des Gesponserten bietet sich z. B. die werbewirksame und/oder öffentlichkeitswirksame Verwendung des Marken- oder Firmennamens des Sponsors an. Zu beachten ist, dass Sponsoring nicht nur dem reinen Kauf von Werbefläche gegen Entgelt entspricht, sondern es steht auch ein Fördergedanke im Vordergrund, indem sich der Sponsor inhaltlich mit dem Gesponserten identifiziert (Bruhn, 2018).

Ein wichtiger Punkt ist, dass das Sponsoring für Unternehmen ein Kommunikationsinstrument darstellt. Das bedeutet, dass es für Sponsoren kommunikative Funktionen erfüllt, die durch den Gesponserten direkt erbracht und durch Medien transportiert werden. Eines der wesentlichen Ziele ist der Imagetransfer (Humrich, 2009), denn die Sponsoring-Botschaft und das Medium sind untrennbar miteinander verbunden. Daher ist es von ungeheurer Bedeutung, dass das abgeleitete Image von Sponsor und Gesponserten harmonisch ist und in den Köpfen der Konsumenten eine sinnhafte und positive kognitive Verknüpfung stattfinden kann (Bruhn, 2018).

Neben den Merkmalen des Sponsorings existieren drei Typologien, die es in der Praxis schwierig machen, von einem einheitlichen Begriff zu sprechen. Zu unterscheiden sind folgende Erscheinungsformen: (Bruhn 2018)

- **Uneigennütziges Sponsoring:** Hier stehen altruistische Motive im Vordergrund, die in der Unternehmensphilosophie des Sponsors begründet sein

können. Diese Form ist in erster Linie bei der Unterstützung kulturel-
ler, sozialer oder anderer nicht-kommerzieller Organisationen/Institutionen
beobachtbar. Der Sponsor bleibt eher im Hintergrund und wird nur sehr
zurückhaltend kommuniziert.

- **Förderungsorientiertes Sponsoring:** Bei dieser Art des Sponsorings domi-
niert der Fördergedanke gegenüber der kommunikativen Wirkung. Die Nen-
nung des Unternehmens steht hier nicht im Vordergrund, ist jedoch im Rahmen
der Public-Relations-Arbeit erwünscht. Das förderorientierte Sponsoring wird
in erster Linie im sozialen, kulturellen oder im Umweltbereich eingesetzt.
- **Klassisches Sponsoring:** Die Grundlage dieses Engagements ist die ange-
strebte kommunikative Wirkung. Zwischen den beiden Vertragspartnern
(Sponsor und Gesponsertem) werden hier Leistung und Gegenleistung intensiv
geplant, vertraglich ausgehandelt und geregelt.

3.10 Rechtliche Aspekte

3.10.1 Veranstalterpflichten

Veranstalter, Betreiber und deren Beauftrage sind für die Sicherheit der Veranstaltung und die Einhaltung der gesetzlichen Vorschriften verantwortlich. Die
Versammlungsstättenverordnung fällt in Deutschland unter das Landesrecht, das
bedeutet, es greift die jeweilige landesspezifische Rechtsverordnung der Bundesländer. Sie gilt ab einer in den jeweiligen Landesverordnungen festgelegten
Besucherzahl und ist ggf. abhängig von weiteren, bspw. räumlichen Kriterien.

Während des Betriebes von Versammlungsstätten muss der Betreiber oder
ein von ihm beauftragter Veranstaltungsleiter ständig anwesend sein. Außerdem
muss die Zusammenarbeit von Ordnungsdienst, Brandsicherheitswache und Sani-
tätswache mit der Polizei, der Feuerwehr und dem Rettungsdienst gewährleistet
sein.

Für eine einheitliche und vertraute Kommunikationsbasis mit den Sicherheits-
und Ordnungskräften sollen folgende Fragen im Vorfeld beantwortet werden
(Sakschewski et al., 2019)

- **Veranstalter:** Wer ist Veranstalter? Wer ist Betreiber? Sind diese identisch?
- **Art:** Welche Art von Veranstaltung ist geplant?

- **Ort:** Findet die Veranstaltung in einem Gebäude oder unter freiem Himmel statt? Gibt es bereits Erfahrungen mit der Nutzung dieses Veranstaltungsortes? Gilt die Versammlungsstättenverordnung?
- **Gestalt:** Sind Szenen- und Besucherflächen, Veranstaltungsfläche und Umgebung klar abgegrenzt?
- **Besucher:** Wie viele Besucher werden erwartet? Wie ist das Verhältnis von Besuchern und Nichtbesuchern am Veranstaltungsort? Wie alt sind die Besucher im Durchschnitt? Wie gemischt ist die Altersstruktur? Wie lang war deren Anreise? Handelt es sich um eine ein- oder mehrtägige Veranstaltung? Welche sozialen Gruppen werden angesprochen? Kommt ein Großteil der Besucher allein, mit Freunden, mit Familie? Ist mit einem stark erhöhten Alkohol- und Drogenkonsum zu rechnen? Sind die Hauptanreise und -abreisezeiten bekannt?

…

Je nach Art der Veranstaltung ist auch ein Sicherheitskonzept aufzustellen und ein Ordnungsdienst einzurichten.

3.10.2 Sicherheitskonzept

Arten von Sicherheitskonzepten

Ein Sicherheitskonzept dient der Veranstaltungs- und Besuchersicherheit. Dabei sind versammlungsstättenbezogene und situationsbezogene Sicherheitskonzepte zu unterscheiden (Sakschewski, et al., 2019).

Versammlungsstättenbezogene Sicherheitskonzepte werden im Rahmen des Genehmigungsverfahrens erstellt und sind abhängig von Besucherzahlen und Gefährdungsgraden. Dieses Sicherheitskonzept ist mit den für Sicherheit und Ordnung zuständigen Behörden (Polizei, Feuerwehr, Rettungsdienste) im gegenseitigen Einvernehmen zu erstellen.

Situationsbezogene Sicherheitskonzepte sind zu erstellen, wenn die Versammlungsstätte speziell errichtet wurde (z. B. Open Air) oder eine temporäre Nutzungsänderung eines Bauwerks erfolgt, das baurechtlich nicht als Versammlungsstätte genehmigt wurde (z. B. ein Konzert auf einer Festung) oder wenn aufgrund des Rufs des Künstlers oder seines Genres mit einem problematischen Publikum zu rechnen ist (z. B. gewaltbereit, exzessiver Konsum von Rauschmitteln, Alkohol), wenn sogenannte Störer oder Gegendemonstranten zu erwarten sind oder wenn künstlerische Handlungen Besucher gefährden könnten (z. B. Pyrotechnik) (Sakschewski et al., 2019).

Bestandteil des Sicherheitskonzepts sind Räumungs-, Ordnungsdienst- und Sanitätskonzepte. Treten sicherheitsrelevante Störungen auf, so entscheidet die Veranstaltungsleitung in Rücksprache mit dem Koordinierungskreis (z. B. Polizei, Feuerwehr), die sofortige Räumung des Platzes einzuleiten und darüber hinaus über die Art der Evakuierung (Sakschewski et al., 2019).

Es gibt viele Gründe, die eine Evakuierung des Veranstaltungsortes notwendig machen. Die Hauptgründe sind:

- Wetterbedingte Störungen
- Brand, Brandgefahr, Explosion
- Auffinden eines verdächtigen Gegenstandes, Bombendrohung
- Strukturelle Schäden, die mit einer einfachen Absperrung nicht zu lösen sind und eine Gefahr für Leib und Leben darstellen

Wetterlage und wetterbedingte Störungen
Ein Veranstalter muss bei Outdoorveranstaltungen das Gefährdungspotenzial des Wetters berücksichtigen. Daher ist es notwendig, eine direkte Verbindung zu meteorologischen Wetterdiensten zu halten. Versicherer bestätigen, dass die Wahrscheinlichkeit extremer Wetterereignisse wie plötzlicher Starkregen, Hagel oder starker Sturm zunimmt (Sakschewski et al., 2019).

Immer wieder mussten Outdoorveranstaltungen abgebrochen werden, da es wegen kritischer Wetterlage zu gefährlich wurde. Rasche Wettereinbrüche können zu Panik und damit zu Chaos und zu schweren Unfällen führen. Im Nachgang ist folglich auch zu klären, welche Schuld den Veranstalter trifft.

Falls eine Evakuierung entschieden wird, ist diese in drei Stufen durchzuführen (Sakschewski et al., 2019):

- **Stufe 1: Bereitschaft**
  – Alarmierung der Ordnungsdienstmitarbeiter per Sprechfunk
  – Kontrolle der freien Zugänglichkeit der Abgänge und Freiflächen durch den Ordnungsdienst
  – Besetzung der vordefinierten wichtigsten Positionen durch Ordnungsmitarbeiter oder ggf. die Sicherheitskräfte (Notausgänge, Durchgänge, Ausgänge, Behindertenbereiche)
  – Rückmeldung der Bereitschaft an den Koordinierungskreis
- **Stufe 2: Evakuierung**
  – Unterbrechung der Veranstaltung durch die Veranstaltungsleitung
  – Durchsagen in lauter, konkreter und verständlicher Weise, mehrmals wiederholen

- Lenkung und Leitung des Besucherstromes zu den Ausgängen bzw. Notausgängen
- Abströmen der Besucher durch das Straßennetz
- Ordnungsdienst bzw. Sicherheitskräfte stellen das Verlassen der Besucher sicher und verwehren gleichzeitig den Zutritt auf das Veranstaltungsgelände
- **Stufe 3: Sperrung des Veranstaltungsgeländes**
  - Bewachung der Zugänge, Aufrechterhaltung der Sperrung bis zum Widerruf

Sievert (2021) zeigt vor dem Hintergrund der Krisenkommunikation durch Festivalveranstalter, dass der richtige Zeitpunkt für eine Evakuierung i. d. R. schwierig zu treffen ist: Einerseits kann die Maßnahme als verfrüht wahrgenommen werden, was Unmut hervorruft. Andererseits wird eine zu späte Evakuierung ebenfalls kritisiert. Aber: Das Hinauszögern einer Entscheidung kann dramatischer sein, als die Veranstaltung unverzüglich abzubrechen. Eine zu späte Entscheidung könnte die schlechteste Entscheidung überhaupt sein, wenn es infolgedessen Verletzte oder schlimmstenfalls Tote gibt (Sievert, 2021; Wynn-Moylan, 2018, S. 253–254).

Nach Wynn-Moylan (2018, S. 265) lässt sich eine Evakuierung, wenn sie denn entschieden wurde, in fünf Stufen einteilen:

1. Entscheidung zur Evakuierung
2. Warnung
3. Evakuierungsanleitung
4. Schutz/Versammlung
5. Rückkehr/Besserung der Situation

Sievert (2021) hat die Krisenkommunikation in solchen Fällen untersucht und kommt zu folgenden vier Schlüsselerkenntnissen:

1. Krisenkommunikation bei Festivals verläuft in vier Phasen:
   1. Krisenwarnung
   2. Krisenentstehung
   3. Krisenbewältigung
   4. Krisennachbereitung
2. Krisenkommunikation setzt bereits vor dem Eintritt einer Krise an
3. Krisenkommunikation setzt die Zusammenarbeit verschiedener Instanzen voraus
4. Krisenkommunikation muss multimedial sein, z. B. mittels Lautsprecherdurchsagen, Anzeigen auf Videobildschirmen, festivaleigene Radiosender, Homepages, Apps der Festivals, Info-Hotlines, soziale Netzwerke

Fiederer und Ternès (2017) betonen die Bedeutung von sozialen Netzwerken: Über soziale Netzwerke können Informationen unkompliziert und übersichtlich geteilt werden. Sie dienen mittlerweile sogar anderen Online-Medien als Quelle. Helsloot und Groenendaal (2013) betonen in diesem Zusammenhang, dass insbesondere offizielle Twitter-Beiträge in solchen Krisenfällen häufig von der Masse an Tweets der Nutzer überlagert werden; geeigneter ist an dieser Stelle die Nutzung von Instagram oder Facebook. Auch eine App und von ihr ausgehende Push-Nachrichten können hier gute Dienste leisten (Sievert, 2021).

Ausblick

4

4.1 Erlebnisgesellschaft und -ökonomie

Der Wandel der heutigen Gesellschaft zeigt: Wir befinden uns schon seit einiger Zeit in einer sogenannten Erlebnisgesellschaft mit steigenden Sehnsüchten, in der Spaß an Erlebnissen nicht nur im Augenblick der Konsumation einen sogenannten „Thrill" oder „Flow" darstellt, sondern von anhaltender Dauer sein soll.

Aus Angebotssicht ist es also für die Kreation von Erlebnissen ein erster Anhaltspunkt, zu wissen, dass Erlebnisse Thrill und Flow hervorrufen und von anhaltender Dauer sein müssen. Doch die Konsumenten kommen aus verschiedenen sozialen Milieus und Lebenswelten und haben unterschiedliche Werte und Einstellungen. Aus dieser Kenntnis heraus haben sich herkömmliche Klassen- und Schichtmodelle aufgelöst und wurden durch Milieumodelle ersetzt: (Gebhardt et al., 2000)

- **Konservativ-etabliertes Milieu:** Klassisches Establishment
- **Liberal-intellektuelles Milieu:** Aufgeklärte Bildungselite mit liberaler Grundhaltung und postmateriellen Wurzeln
- **Milieu der Performer:** Multioptionale, effizienzorientierte Leistungselite mit global ökonomischem Denken und stilistischem Avantgardeanspruch sowie hoher IT- und Multimediakompetenz
- **Expeditives Milieu:** Unkonventionelle kreative Avantgarde
- **Bürgerliche Mitte:** Leistungs- und anpassungsbereiter bürgerlicher Mainstream
- **Adaptiv-pragmatisches Milieu:** Zielstrebige junge Mitte der Gesellschaft mit ausgeprägtem Lebenspragmatismus und Nutzenkalkül

- **Sozial-ökologisches Milieu:** Idealistisches, konsumkritisches und konsumbewusstes Milieu mit normativen Vorstellungen vom „richtigen" Leben
- **Traditionelles Milieu:** Sicherheit und Ordnung liebende Kriegs- und Nachkriegsgeneration
- **Prekäres Milieu:** Um Orientierung und Teilhabe bemühte Unterschicht mit starken Zukunftsängsten und Ressentiments
- **Hedonistisches Milieu:** Spaß- und erlebnisorientierte moderne Unterschicht bzw. untere Mittelschicht

Diese Milieus können unterschiedlicher nicht sein und nur bei wenigen Veranstaltungstypen können mehrere dieser Milieus gleichzeitig angesprochen werden. Oftmals werden einzelne der genannten Milieus durch den Veranstaltungsanlass fokussiert, wobei zu sagen ist, dass verschiedene Milieus eine geringe (traditionelles Milieu) oder höhere Affinität (hedonistisches Milieu) zum Besuch von Veranstaltungen haben.

4.2   Trends in der Erlebnisökonomie

Die Ursprünge des Erlebnismarketings lassen sich auf die 1990er Jahre datieren (bspw. Weinberg, 1992). Damals erkannte man, dass es nicht mehr ausreichte, ein Produkt oder eine Dienstleistung mithilfe weniger Faktoren wie Qualität, Service oder Image zu verkaufen, denn die Ansprüche des Verbrauchers waren mehrdimensional geworden (Thinius, 2017).

Diese Tatsachen kamen aber nicht „über Nacht", denn bereits in den 1970er Jahren erkannte der US-amerikanische Ökonom Tibor Scitovsky, dass der Konsument nicht nur nach dem Prinzip des rationalen Handelns agiert, und das verlangte eine interdisziplinäre Betrachtungsweise. Zu wirtschaftswissenschaftlichen Aspekten kamen daher psychologische, soziologische und physiologische Gesichtspunkte hinzu (Neumann, 2008, S. 14–15).

Ausgehend von einem klar erkennbaren Trend zu Events muss man grundsätzlich eine Unterscheidung vornehmen, welche Trends sich aus der Nachfrage und welche sich aus Angebotssicht heraus entwickelt haben. Beide sind aber nie getrennt voneinander zu betrachten. Auf der Nachfrageseite gibt es tief greifende gesellschaftliche Trends, sogenannte Megatrends. Dies sind Veränderungen, die alle Ebenen der Gesellschaft bereits länger prägen und voraussichtlich auch in Zukunft für einen Wandel verantwortlich sein werden bzw. unsere Zukunft bestimmen. Auf diese Nachfragetrends reagiert die Angebotsseite. Das bedeutet, dass Produkte, Dienstleistungen und Erlebnisse geschaffen werden, die diesem Trend gerecht werden.

Weiermair (2001, S. 43) hat dazu treffend gesagt, dass viel von dem, was Trendforscher und Fiction-Autoren über die zukünftige Erlebnisgesellschaft in den letzten 30 Jahren geschrieben haben, zum Teil bereits eingetroffen ist, und benennt Beispiele von Orwell, Huxley und Naisbitt. Aus diesem Grund rät er, vor allem Innovationen der Informatikbranche im Auge zu behalten, denn daraus lassen sich auch Konsequenzen für die Zukunft des Freizeitverhaltens ablesen. Andererseits bringt auch jeder Trend einen Gegentrend mit sich und das bedeutet, dem Wunsch der Gesellschaft zu entsprechen, abseits von Smartphone und WLAN der virtuellen Welt zu entfliehen, um – zumindest für kurze Zeit – in die reale Wirklichkeit zurückzufinden.

Zusammengefasst: Der Fortschritt des wirtschaftlichen Werts ließ sich in die Herstellung von Gütern und Dienstleistungen als Grundnutzen und in die Inszenierung von Erlebnissen als Zusatznutzen differenzieren. Und heute stellen Erlebnisse nicht mehr nur einen Zusatznutzen oder ein Kommunikationsziel dar, sondern das Erlebnis selbst entwickelt sich für die Unternehmen zur Einnahmequelle.

Auch wenn der Begriff des Festivals heute auch auf besondere Events übertragen wird (z. B. Online Marketing Rockstar Festival in Hamburg), so stellen den größten Bereich der Festivals die Musik-Festivals dar. Die Top 20 der größten Musikfestivals weltweit nach Umsatz und verkauften Tickets findet man in Tab. 4.1.

Auch die Bekleidungsindustrie ist auf den Festivaltrend aufgesprungen und spricht Konsumenten an, sich auf Festivals entsprechend zu kleiden. Nach dem Motto „Bloß nicht zu trist!" wird hippe Festivalkleidung in Form von Kopfschmuck, Cropped Pieces, Kimono, durchsichtigen Regenmänteln und Gürteltaschen überwiegend im Ethnostil angeboten (Ascher, 2018).

Tab. 4.1 Top 20 der größten Musikfestivals weltweit nach Umsatz und verkauften Tickets 2019. (Datenquelle: Statista)

Festivals	Umsatzerlöse in US-Dollar	Anzahl verkaufter Tickets
Outside Lands Music & Arts Festival (San Francisco, USA)	29.634.734	205.500
Life is Beautiful Festival (Las Vegas, USA)	17.698.627	129.795
Lollapalooza Brazil (Sao Paulo, Brasilien)	14.483.593	246.000

(Fortsetzung)

Tab. 4.1 (Fortsetzung)

Festivals	Umsatzerlöse in US-Dollar	Anzahl verkaufter Tickets
Corona Capital Festival (Mexiko City, Mexiko)	12.230.736	180.092
Southside Festival (Neuhausen ob Eck, Deutschland)	11.928.743	62.100
Hurricane Festival (Scheeßel, Deutschland)	11.384.729	62.693
Paleo Festival (Nyon, Schweiz)	11.256.080	210.000
Bluesfest (Tyagarah, Australien)	11.121.626	105.385
Electric Daisy Carnival (Mexiko City, Mexiko)	10.540.573	219.162
Longitude (Dublin, Irland)	8.659.817	117.905
Vive Latino (Mexiko City, Mexiko)	8.619.487	161.784
TRNSMT (Glasgow, Großbritannien)	8.239.636	96.954
Pa'L Norte (Monterrey, Mexiko)	8.002.700	131.584
Buckeye Country Superfest (Ohio, USA)	6.604.579	51.971
Bud Light Music Festival (Atlanta, USA)	6.473.471	14.152
Crossroad Guitar Festival (Dallas, USA)	6.355.535	24.853
95.8 Capital FM Summertime Ball (London, Großbritannien)	5.949.263	80.000
Hot 97 Summer Jam (East Rutherford, USA)	5.618.570	51.301
Festival De Vina Del Mar (Vina Del Mar, Chile)	5.491.480	57.924
iHeartRadio Music Festival (Las Vegas, USA)	4.633.025	26.750

Was Sie aus diesem *essential* mitnehmen können

- Festivalmanagement besteht aus dem Vierklang Strategie, Verwaltung, Kreativität und Logistik. Nur wenn alle vier Aspekte ineinandergreifen, gelingt eine rundum erfolgreiche Veranstaltung.
- Im Vorfeld eines Festivals machen vier Schritte eine erfolgreiche Planungsphase aus: Machbarkeitsphase, Planungs- und Genehmigungsphase, Durchführungsphase und Ergebnis- oder Nachbereitungsphase.
- Besonders wichtig: Der Idee eines Festivals muss eine klare Zielformulierung zugrunde liegen. Diese muss an alle Projektpartner kommuniziert werden.
- Eine kreative Veranstaltung benötigt nicht nur ein gutes Festivaldesign und eine emotionalisierende Dramaturgie. Ein Festival muss auch einem strukturierten Projektmanagement folgen.

© Der/die Herausgeber bzw. der/die Autor(en), exklusiv lizenziert durch Springer Fachmedien Wiesbaden GmbH, ein Teil von Springer Nature 2022
M. J. Bauer et al., *Festivalmanagement,* essentials,
https://doi.org/10.1007/978-3-658-37586-7

Literatur

Allen, J., O'Toole, W., Harris, R., & McDonnell, I. (2011). *Festival & special event management* (5. Aufl.). Wiley.

Anderton, C., & Pisfil, S. (2021). Live music studies in perspective. In C. Anderton & S. Pisfil (Hrsg.), *Researching Live Music. Gigs, tours, concerts and festivals* (S. 1–17). Focal Press.

Antchak, V. (2020). Event Portfolio Management. Theory and Methods for Event Management and Tourism. Unter Mitarbeit von Vassilios Ziakas und Donald Getz. Oxford: Goodfellow Publishers Limited (Events Management and Methods Ser).

Anzengruber, T. (2014). *Musikfestivals als profitables Einsatzgebiet für die Unternehmenskommunikation.* Disserta.

Arnold, N. (2018). NPO und Festivals – Der Zweck ist das Ziel. *StiftungSchweiz-Blog,* 21.09.2018. https://stiftungschweiz.ch/blog/npo-und-festivals-der-zweck-ist-das-ziel/. Zugegriffen: 16. März 2022.

Ascher, E. (2018). Festival-Mode 2018: 7 Festival-Trends, die COSMO abfeiert. *COSMOPOLITAN,* 13.04.2018. https://www.cosmopolitan.de/festival-mode-2018-7-festival-trends-die-cosmo-abfeiert-82892.html. Zugegriffen: 11. März 2022.

Aßmann, K. (2021). *Zwischen Verbotskultur und Freiwilligkeit – Analyse von Nudging als Strategie zur Verhaltensänderung für ökologisch nachhaltigere Musikfestivals in Deutschland.* Unveröffentl. Masterthesis. Düsseldorf: IST-Hochschule für Management.

Bär, S., & Korrmann, L. (2020). Nudging im Eventkontext: Eine vergleichende Analyse von Musikfestivals. In C. Zanger (Hrsg.), *Events und Messen im digitalen Zeitalter. Aktueller Stand und Perspektiven* (S. 129–156). Springer Gabler.

Bär, S., & Lehnigk, K. (2015). Event Branding: Der Einfluss von Eventmarken auf den Erfolg von Veranstaltungen, untersucht am Beispiel von Festivals. In C. Zanger (Hrsg.), *Events und Emotionen. Stand und Perspektiven der Eventforschung* (S. 203–238). Springer Gabler.

Bauer, M. J., & Sobolewski, S. (2022). *Grüne Marketing-Kommunikation. Green Communication im Marketing-Mix nachhaltigkeitsorientierter Unternehmen.* Springer Gabler.

Becker, C. (1997). Weinfeste, Weihnachtsmärkte und Musik-Festivals – Zwischen Traditionspflege und Zwang zur Innovation. In A. Steinecke & M. Treinen (Hrsg.), *Inszenierung im Tourismus: Trends, Modelle, Prognosen* (S. 62–77). Europäisches Tourismus Institut, Universität Trier.

Bellinghausen, R. (2007). *Musik-Festivals. Definitionen, Festivalarten, Entwicklung und Eventtourismus.* GRIN.

Bobel, T. (2009). *Logistikorientiertes Management von Events. Grundlagen und Handlungsempfehlungen für die Eventlogistik.* Dissertation. Haupt.

Bottrill, C., Liverman, D., & Boykoff, M. (2010). Carbon soundings: Greenhouse gas emissions of the UK music industry. *Environmental Research Letters, 5*(1), 14019. https://doi.org/10.1088/1748-9326/5/1/014019.

Bruhn, M. (2018). *Sponsoring.* Springer Gabler.

Dams, C. M., & Luppold, S. (2016). *Hybride Events. Zukunft und Herausforderung für Live-Kommunikation.* Springer Gabler.

Deutscher Musikrat. (2002). *Musik-Almanach 2003/04. Daten und Fakten zum Musikleben in Deutschland.* Bärenreiter.

Dienel, H.-L. (Hrsg.). (2004). *Handbuch Eventverkehr. Planung, Gestaltung, Arbeitshilfen.* Schmidt.

Drengner, J. (2008). *Imagewirkungen von Eventmarketing. Entwicklung eines ganzheitlichen Messansatzes.* Dissertation (3. Aufl.). Gabler.

Eckel, J. (2012). Kutte & Co – Zur textilen SchriftBildlichkeit des Heavy Metal. In R. F. Nohr, & H. Schwaab (Hrsg.), *Metal matters. Heavy Metal als Kultur und Welt* (2. Aufl., S. 55–70). Lit.

Erber-Faller, S. (2013). *Eventmarketing. Erlebnisstrategien für Marken* (4. Aufl.). Mi-Fachverlag.

Färber, C. (2019). Wie Lidl, Aldi und Penny die Musikfestivals rocken. *Handelsblatt,* 04.06.2019. https://www.handelsblatt.com/unternehmen/handel-konsumgueter/discounter-wie-lidl-aldi-und-penny-die-musikfestivals-rocken/24415048.html. Zugegriffen: 16. März 2022.

Fiederer, S., & Ternès, A. (2017). *Effiziente Krisenkommunikation – Transparent und authentisch. Mit zahlreichen Praxisbeispielen.* Springer Gabler.

Galuszka, P. (2021). Showcase festivals as gateway to foreign markets. In C. Anderton & S. Pisfil (Hrsg.), *Researching Live Music. Gigs, tours, concerts and festivals* (S. 56–67). Focal Press.

Gebhardt, W., Hitzler, R., & Pfadenhauer, M. (2000). *Events. Soziologie des Außergewöhnlichen.* VS Verlag.

Getz, D. (2010). The nature and scope of festival studies. *International Journal of Event Management Research, 5,* 1–47.

Getz, D., Andersson, T., & Carlsen, J. (2010). Festival management studies: Developing a framework and priorities for comparative and cross-cultural research. *International Journal of Event and Festival Management, 1*(1), 29–59. https://doi.org/10.1108/17852951011029298.

Glashoff, B. (2012). Künstlervermittlung und Karriereentwicklung. In P. Schneidewind & M. Tröndle (Hrsg.), *Selbstmanagement im Musikbetrieb: Ein Handbuch für Kulturschaffende* (S. 217–228). Transcipt.

Graefe, L. (2019). Statistiken zur Festival- und Musikeventbranche. *Statista,* 27.11.2019. https://de.statista.com/themen/668/eventbranche/#dossierKeyfigures. Zugegriffen: 16. März 2022..

Graf, C. (1995). *Kulturmarketing: Open Air und Populäre Musik.* Deutscher Universitätsverlag.

Grösel, B. (2015). *Bühnentechnik. Mechanische Einrichtungen* (5. Aufl.). De Gruyter.

Gundlach, A. (2013). *Wirkungsvolle Live-Kommunikation. Liebe Deine Helden: Dramaturgie und Inszenierung Erfolgreicher Events.* Springer Gabler.

Heinen, S. (2017). *»Odin rules«. Religion, Medien und Musik im Pagan Metal.* Transcript.

Helsloot, I., & Groenendaal, J. (2013). Twitter: An underutilized potential during sudden crises? *J Contingencies & Crisis Man, 21*(3), 178–183. https://doi.org/10.1111/1468-5973.12023.

Henning, E. (2019). 90.000 Einkäufe: Das Fazit von Aldi Nord zum „Deichbrand". *absatzwirtschaft*, 06.08.2019. https://www.absatzwirtschaft.de/aldi-nord-deichbrand-223969/. Zugegriffen: 16. März 2022.

Henschel, O. (2010). *Lexikon Eventmanagement: Strategie, Kreativität, Logistik.* Beuth.

Hillenkötter, E. (2018). *Live mischen. Praxiswissen für Tontechniker und Musiker* (2. Aufl.). Mitp.

Honegger, M. & Massenkeil, G. (1996). Festspiele. In R. Noltensmeier (Hrsg.), *Das neue Lexikon der Musik* (Bd. 2). Metzler.

Höpflinger, A.-K. (2020). *Religiöse Codes in der Populärkultur. Kleidung der Black Metal-Szene.* Nomos.

Humrich, M. (2009). *Imagetransfer durch Musiksponsoring. Möglichkeiten zur (emotionalen) Aufwertung von Unternehmensimages.* Diplomica.

Hutzel, A. P. (2018). *Homo Festivus: Das Summer Breeze Open Air und seine Besucher.* Tectum.

Kaiser, S., & Ringlstetter, M. (2008). Die Krise der Musikindustrie: Diskussion bisheriger und potenzieller Handlungsoptionen. In S. Weinacht & H. Scherer (Hrsg.), *Wissenschaftliche Perspektiven auf Musik und Medien* (S. 39–55). VS Verlag.

Kästle, T. (2012). *Kompendium Event-Organisation. Business- und Kulturveranstaltungen professionell planen und durchführen.* Springer Gabler.

Kirchner, B. (2011). *Eventgemeinschaften. Das Fusion Festival und seine Besucher.* VS Verlag.

Krumm, C. (2012), „Auf einmal ist es explodiert.". Die Entstehung der Metalszene im Ruhrgebiet. In R. F. Nohr, & H. Schwaab (Hrsg.), *Metal matters. Heavy Metal als Kultur und Welt* (2. Aufl., S. 357–366). Lit.

Kubin, S. (2021). *Spannung für Unterwegs. Mobile Energieversorgung für die Eventbranche.* Extra Entertainment Media.

Kunzendorf, P. (2007). *Organisationskultur in Vereinen am Beispiel des Skull Crusher Heavy Metal Vereins Dresden e. V.* (2. Aufl.). GRIN.

Lehmann, M., & Kopiez, R. (2012). Der Einfluss der Bühnenshow auf die Bewertung der Performanz von Rockgitarristen. In R. F. Nohr & H. Schwaab (Hrsg.), *Metal matters. Heavy Metal als Kultur und Welt* (2. Aufl., S. 195–206). Lit.

Mair, J., & Weber, K. (2019). Event and festival research: A review and research directions. *International Journal of Event and Festival Management, 10*(3), 209–216. https://doi.org/10.1108/IJEFM-10-2019-080.

Maßmann, V. (2021). *Das Phänomen Boutique Festivals – Definition eines Veranstaltungsformats und Analyse der Interdependenzen zwischen Veranstalter und Sponsoren.* Unveröffentl. Masterthesis. Düsseldorf: IST-Hochschule für Management.

Maucher, L. (2018). „Wo geht's nach Panama?" Diese Frage soll für mehr Sicherheit auf Festivals sorgen. *DER SPIEGEL*, 19.06.2018. https://www.spiegel.de/panorama/

wo-gehts-nach-panama-diese-frage-soll-auf-festivals-vor-belaestigung-schuetzen-a-000 00000-0003-0001-0000-000002520351. Zugegriffen: 10. März 2022.

Mielke, J. (2012). Festivals im Sommer: Musik für die Massen. https://www.tagesspiegel.de/ wirtschaft/festivals-im-sommer-musik-fuer-die-massen/6933776-all.html.Zugegriffen. 24. Febr. 2022.

Neumann, D. (2008). Die Marke auf dem Weg zum Erlebnis. Trend Erlebnisgesellschaft und Erlebnismarketing. In N. O. Herbrand (Hrsg.), *Schauplätze dreidimensionaler Markeninszenierung. Innovative Strategien und Erfolgsmodelle erlebnisorientierter Begegnungskommunikation. Brand Parks, Museen, Flagship Stores, Messen, Events, Roadshows* (S. 13–28). Ed. Neues Fachwissen.

Neumann, S. (2013). Kreuzfahrten für Heavy-Metal-Fans – Meereskreischen. *Süddeutsche Zeitung*, 02.05.2013. https://www.sueddeutsche.de/reise/kreuzfahrten-fuer-heavy-metal-fans-meereskreischen-1.1663247-0#seite-3. Zugegriffen: 3. März 2022.

Nier, H. (2019). Das Phänomen Wacken. *Statista*, 31.07.2019. https://de.statista.com/infogr afik/5404/das-phaenomen-wacken/. Zugegriffen: 6. Febr. 2022.

Pricken, M. (2014). *Die Aura des Wertvollen. Produkte entstehen in Unternehmen, Werte im Kopf; 80 Strategien*. Publicis.

Rauhe, H., & Demmer, C. (1994). *Kulturmanagement. Theorie und Praxis einer professionellen Kunst*. De Gruyter.

Reynolds, A. (2022). *The live music business. Management and production of concerts and festivals* (3. Aufl.). Taylor & Francis Group.

Robinson, R. (2016). *Music festivals and the politics of participation*. Routledge.

Ronft, S. (Hrsg.). (2021). *Eventpsychologie. Veranstaltungen wirksam optimieren: Grundlagen, Konzepte, Praxisbeispiele*. Springer Gabler.

Sailer, M. (2016). *Die Wirkung von Gamification auf Motivation und Leistung. Dissertation*. Springer.

Sakschewski, T., Ebner, M., Klode, K., & Paul, S. (2019). *Sicherheitskonzepte für Veranstaltungen. Grundlagen für Behörden, Betreiber und Veranstalter* (3. Aufl.). Beuth.

Schäfer-Mehdi, S. (2006). *Event-Marketing. Kommunikationsstrategie, Konzeption und Umsetzung, Dramaturgie und Inszenierung* (2. Aufl.). Cornelsen.

Schmidt, D. (2012). *Rockfestivals in Deutschland. Bestandsaufnahme und Entwicklung von Rockmusik und Festivals*. AV Akademikerverlag.

Schöwe, A. (2012). *Wacken Roll. Das größte Heavy Metal-Festival der Welt* (2. Aufl.). Hannibal.

Schulz, S. (2015). *Das Phänomen Pop-Festival. Qualitative Untersuchung der Wertschöpfungsprozesse des deutschen Festivalmarktes*. GRIN.

Scorzin, P. C. (2014). Effekt und Affekt in Scenographic Fashion Shows. In R. Bohn & H. Wilharm (Hrsg.), *Inszenierung und Effekte. Die Magie der Szenografie* (S. 41–56). Transcript.

Seffrin, G. K. (2006). Emerging Trends in Contemporary Festival Practice: Exemplifying the Modern Festival Through the Praxis of Boutique Festival Initiation and Management at the Queensland Performing Arts Centre. Unter Mitarbeit von Queensland University of Technology, Creative Industries Faculty. Brisbane: Queensland University of Technology. https://eprints.qut.edu.au/16440/1/Georgia_Seffrin_Thesis.pdf. Zugegriffen: 21. Sept. 2021.

Shauchenka, N., Ternès, A., & Towers, I. (2014). Gamification. In A. Ternès, & I. Towers (Hrsg.), *Internationale Trends in der Markenkommunikation. Was Globalisierung, neue Medien und Nachhaltigkeit erfordern* (S. 33–50). Springer Gabler.

Sievert, C. (2021). *Analyse der Krisenkommunikation bei Großveranstaltungen – Eine empirische Untersuchung am Beispiel von Unwetterlagen bei Pop- und Rockmusik-Festivals in Deutschland von 2015 bis heute*. Unveröffentl. Masterthesis. Düsseldorf: IST-Hochschule für Management,.

Sounds for Nature Foundation e. V. (Hrsg.). (2013). Leitfaden für die umweltverträgliche Gestaltung von Open-Air-Veranstaltungen. 2. Aufl. Bonn. http://soundsfornature.eu/wp-content/uploads/SFN_Leitfaden_web.pdf. Zugegriffen: 20. März 2022.

Spelman, J. (2018). *The Festival Organiser's Bible: How to plan, organise and run a successful festival*. Robinson.

St. John, G. (Hrsg.). (2020). *Weekend societies. Electronic dance music festivals and event-cultures*. Bloomsbury.

Syhre, H., & Luppold, S. (2018). *Event-Technik. Technisches Basiswissen für erfolgreiche Veranstaltungen*. Springer Gabler.

Ternès, A., & Towers, I. (2014). *Internationale Trends in der Markenkommunikation. Was Globalisierung, neue Medien und Nachhaltigkeit erfordern*. Springer Gabler.

Thinius, J. (2017). *Events – Erlebnismarketing für alle Sinne. Mit neuronaler Markenkommunikation Lebensstile inszenieren*. (2. Aufl.). Springer Gabler.

von Graeve, M. (2019). *Events professionell managen. Das Handbuch für Veranstaltungsorganisation* (7. Aufl.). BusinessVillage.

Wang, S. (Hrsg.). (2018). *Fiesta. The branding and identity design for festivals*. Sandu.

Watzka, K. (2016). *Ziele formulieren. Erfolgsvoraussetzungen wirksamer Zielvereinbarungen*. Springer Gabler.

Weiermair, K. (2001). Von der Dienstleistungsökonomie zur Erlebnisökonomie. In H. H. Hinterhuber (Hrsg.), *IndustrieErlebnisWelten. Vom Standort zur Destination* (S. 37–48). Erich Schmidt.

Weiermair, K., & Brunner-Sperdin, A. (Hrsg.). (2006). *Erlebnisinszenierung im Tourismus. Erfolgreich mit emotionalen Produkten und Dienstleistungen*. Schmidt.

Weinberg, P. (1992). *Erlebnismarketing*. Vahlen.

Willnauer, F. (2006). Musikfestspiele und Festivals. In R. Jakoby, E. Rohlfs, & M. Wallscheid (Hrsg.), *Musik Almanach: 2007/2008. Daten und Fakten zum Musikleben in Deutschland* (S. 63–72). ConBrio.

Wilson, J., Arshed, N., Shaw, E., & Pret, T. (2017). Expanding the domain of festival research: A review and research agenda. *International Journal of Management Reviews, 19*(2), 195–213. https://doi.org/10.1111/ijmr.12093.

Wynn-Moylan, P. (2018). *Risk and hazard management for festivals and events*. Routledge.

Yeoman, I., Robertson, M., Ali-Knight, J., Drummond, S., & McMahon-Beattie, U. (2011). *Festival and events management. An international arts and culture perspective*. Elsevier Butterworth-Heinemann.

Ziegenrücker, W. (1989). *Sachlexikon Popularmusik* (2. Aufl.). Schott.